QIYE FEI XIAOLÜ LAODONG TOUZI DE
ZHILI JIZHI YANJIU

企业非效率劳动投资的治理机制研究

喻彪 著

辽宁大学出版社 | 沈阳

图书在版编目（CIP）数据

企业非效率劳动投资的治理机制研究/喻彪著．
沈阳：辽宁大学出版社，2025．6．--ISBN 978-7-5698-2023-2

Ⅰ.F272.92

中国国家版本馆 CIP 数据核字第 2025EA0825 号

企业非效率劳动投资的治理机制研究
QIYE FEI XIAOLÜ LAODONG TOUZI DE ZHILI JIZHI YANJIU

出　版　者：	辽宁大学出版社有限责任公司
	（地址：沈阳市皇姑区崇山中路66号　邮政编码：110036）
印　刷　者：	鞍山新民进电脑印刷有限公司
发　行　者：	辽宁大学出版社有限责任公司
幅面尺寸：	170mm×240mm
印　　　张：	13.5
字　　　数：	215 千字
出版时间：	2025 年 6 月第 1 版
印刷时间：	2025 年 6 月第 1 次印刷
责任编辑：	李天泽
封面设计：	韩　实
责任校对：	吴芮杭

书　　　号：	ISBN 978-7-5698-2023-2
定　　　价：	78.00 元

联系电话：024-86864613
邮购热线：024-86830665
网　　址：http://press.lnu.edu.cn

序　言

　　劳动力是企业当中最为活跃且唯一具有主观能动性的核心要素投入。劳动投资效率高低不仅影响着自身能否发挥最大效用，也决定着资本、技术等其他生产要素能否得到最佳使用，是企业迈向高质量发展的关键驱动因素之一。近年来，随着我国人口红利的逐渐消退以及劳动力就业观念的持续转变，劳动要素供需结构性矛盾日益凸显；劳动保护法治环境的不断完善更是弱化了我国劳动要素的成本比较优势。"招工难""用工贵"等问题给企业改善经营绩效造成了严峻压力，尤其是在当前国际国内经营环境日趋复杂、多种不确定性因素交织叠加的情况下，优化劳动投资效率更成为企业在新常态下增效提质的紧迫任务。因此，深度剖析企业非效率劳动投资行为的形成机理并积极探索相应的治理机制就成为理论界与实务界共同关注的热点话题。这对提升企业劳动要素资源配置效率、增强企业竞争力、促进企业高质量发展具有重要意义。

　　理论上，在企业价值最大化目标导向下，企业劳动投资理应达到或向最优水平不断趋近，但是在现实中，信息不对称、融资约束以及委托代理冲突等不完美情形在企业当中的普遍存在，使其往往呈现出过度或不足等非效率状态，因而完善企业内外部治理机制能够有效提升劳动投资效率。本书基于公司治理视角，深入剖析了企业非效率劳动投资产生的根源，并探索了如何通过优化企业内外部治理结构来有效解决这一问题。具体而言，本书全面聚焦股权结构、董事会、管理者激励、会计信息质量等内部治理结构以及审计监督、产品市场竞争、数字金融发展水平等外部治理机制，分析和检验其各自对劳动投资效率的影响效应及作用机制，并进一步结合企业基本属性特征、其他内外部治理机制以及制度环境等方面的情境差异，对企业内外部治理机制影响劳动投资效率作用边界进行了探讨。

在本书的撰写过程中，作者充分借鉴了国内外相关领域的研究成果和实践经验，并融入自身的思考和见解，部分章节的内容已经在相关学术期刊上公开发表。希望通过本书的出版，能够引起理论界和实务界对企业非效率劳动投资问题的关注，推动公司治理结构的完善，进而为优化劳动要素配置效率提供有益的参考和借鉴，促进企业高质量发展。

本书的顺利出版受到了贵州省高校人文社会科学研究基地"贯彻新发展理念毕节示范区研究中心"（25GZGXRWJD03）、贵州省理论创新课题贵州工程应用技术学院贯彻新发展理念毕节示范区专项联合课题"毕节市推动数字经济高质量发展研究"（GZLCLHZX－2023－3）及贵州省哲学社会科学创新团队（CXTD2024010）建设计划的资助。

本书的顺利出版还得到了不少帮助。衷心感谢辽宁大学出版社的李天泽编辑，他细致入微的编辑校对工作为本书增色不少；感谢广州番禺职业技术学院的王祥兵教授在本书写作过程中提供的悉心指导和给予的有益建议；感谢贵州工程应用技术学院经济与管理学院各位领导、同事给予的帮助和支持，期待在未来的日子里，我们能够继续携手共进，共同探索公司治理的新领域、新机遇和新挑战；最后，我还要感谢家人们对我一直以来的关心、理解和支持，他们是我前进路上最坚实的后盾。

目 录

第1章 研究概述 ·· 1
   1.1 研究背景及意义 ··· 1
   1.2 研究内容、框架与方法 ·· 4
   1.3 研究特色与创新之处 ··· 8

第2章 文献综述与理论基础 ·· 10
   2.1 文献综述 ·· 10
   2.2 理论基础 ·· 22

第3章 多个大股东与企业劳动投资效率 ··· 29
   3.1 引言 ·· 29
   3.2 理论分析与研究假说 ··· 30
   3.3 研究设计 ·· 32
   3.4 实证结果分析 ·· 37
   3.5 作用机制检验 ·· 42
   3.6 异质性分析 ··· 44
   3.7 本章小结 ·· 48

· 1 ·

第 4 章　女性董事与企业劳动投资效率 ················· 50

　4.1　引言 ··· 50
　4.2　理论分析与研究假说 ··· 52
　4.3　研究设计 ··· 53
　4.4　实证结果分析 ··· 56
　4.5　异质性分析 ·· 62
　4.6　本章小结 ··· 66

第 5 章　管理者薪酬激励与企业劳动投资效率 ········· 68

　5.1　引言 ··· 68
　5.2　理论分析与研究假说 ··· 69
　5.3　研究设计 ··· 72
　5.4　实证结果分析 ··· 75
　5.5　作用机制检验 ··· 84
　5.6　异质性分析 ·· 86
　5.7　本章小结 ··· 89

第 6 章　会计信息可比性与企业劳动投资效率 ········· 91

　6.1　引言 ··· 91
　6.2　理论分析与研究假说 ··· 92
　6.3　研究设计 ··· 94
　6.4　实证结果分析 ··· 98
　6.5　作用机制检验 ·· 104
　6.6　异质性分析 ··· 106
　6.7　本章小结 ·· 110

第7章 审计师行业专长与企业劳动投资效率 …… 112

7.1 引言 …… 112
7.2 理论分析与研究假说 …… 113
7.3 研究设计 …… 115
7.4 实证结果分析 …… 118
7.5 作用机制检验 …… 126
7.6 异质性分析 …… 129
7.7 本章小结 …… 133

第8章 产品市场竞争与企业劳动投资效率 …… 135

8.1 引言 …… 135
8.2 理论分析与研究假说 …… 136
8.3 研究设计 …… 138
8.4 实证结果分析 …… 141
8.5 作用机制检验 …… 146
8.6 异质性分析 …… 148
8.7 本章小结 …… 152

第9章 数字金融发展与企业劳动投资效率 …… 153

9.1 引言 …… 153
9.2 理论分析与研究假说 …… 154
9.3 研究设计 …… 156
9.4 实证结果与分析 …… 160
9.5 作用机制检验 …… 165
9.6 异质性分析 …… 167

9.7 本章小结 ……………………………………………………… 173

第 10 章 主要结论与政策建议 ……………………………………… 175

10.1 主要结论 ……………………………………………………… 175
10.2 政策建议 ……………………………………………………… 177
10.3 研究局限与未来展望 ………………………………………… 180

参考文献 …………………………………………………………………… 182

第 1 章　研究概述

1.1　研究背景及意义

1.1.1　研究背景

劳动力及其蕴含的人力资本作为最基本的生产投入要素，是影响经济发展速度和质量的重要因素。而劳动投资效率则不仅是宏观经济发展中关乎资源配置有效性的主要内容，也是微观企业中直接关乎其价值提升的核心因素（卜君、孙光国，2020）。从宏观经济层面来看，Jung 等（2014）的研究指出，劳动力成本在全球经济附加值中占到约三分之二的比重，具有极高的经济显著性，在推动要素整合、突破边际报酬递减约束，实现经济长期持续健康增长方面发挥着积极的效应（李世刚、尹恒，2017）。不仅如此，企业劳动投资效率也直接反映着宏观就业情况。高效率的劳动投资有助于促进经济社会实现有效就业，维持社会稳定与健康可持续发展。从微观企业层面来看，作为企业生产函数中不可或缺的组成部分，劳动力是最活跃的生产要素，具有较强的外部性特征，其投资效率高低不仅决定着自身能否发挥最大效用，也影响着资本、技术等其他要素能否得到最佳使用。高效率的劳动投资对企业降低劳动力成本、改善生产经营效率、提升股票收益率、增强核心竞争优势等均能产生显著的积极影响，非效率劳动投资则不利于企业绩效提升与价值创造，有损于股东财富最大化目标实现（Becker，1962；Jung 等，2014；孔东民等，2017）。

对我国而言，劳动投资的重要性更是不言而喻。劳动力是我国极为重要的资源和财富，2020年我国人口达到14.1亿人，约占全球总人口的18%，我国仍然是世界第一人口大国。超大规模低成本劳动力所带来的人口红利为过去几十年我国经济的高速发展作出了巨大贡献，创造了世界经济增长的奇迹。然而，近些年，我国劳动力市场发生了显著变化。第七次全国人口普查数据显示，与2010年相比，2020年我国16~59岁之间适龄劳动人口比重下降6.79个百分点，60岁及以上人口比重上升5.44个百分点。"一升一降"表明我国人口老龄化程度进一步加深，适龄劳动人口逐年下降，长期以来推动我国经济高速发展的人口红利正在逐渐消减。与此同时，劳动力供需结构性矛盾也在不断凸显，一方面是企业"招工难""用工贵"；另一方面又是各级政府部门想方设法"稳就业""促就业"，企业用工短缺与大量劳动力待业并存。此外，从2008年1月1日开始实施的《中华人民共和国劳动合同法》在适用范围、试用期、劳动合同期限、竞业禁止、欠薪等多方面进行了细化和限定，其限制了企业用工行为，强化了对劳动力的保护，也对企业劳动投资效率产生了重大影响（孔东民等，2020）。

劳动要素的重要属性及劳动力市场的深刻变革使得提升企业劳动投资效率迫在眉睫。因此，深入探究企业劳动投资效率的影响因素是当前劳动经济学与公司金融学等领域的前沿与热门话题，受到政府相关部门、理论界和实务界越来越多的关注（李小荣等，2019）。已有研究相继从管理者特质、企业信息透明度、内外部治理机制、经营特征及制度环境等方面对企业劳动投资效率的影响因素进行了相对全面且深入的探索，取得了较为丰硕的研究成果。虽然这些成果对提升企业劳动投资效率具有重要价值，但是从其理论切入点来看，信息不对称和委托代理冲突被认为是诱发企业非效率劳动投资的根本原因（Jung等，2014；Khedmati等，2020；Gu等，2020；李小荣等，2021）。

学界普遍认为，公司治理水平对企业经营管理行为具有重要影响。然而，理论研究和实践经验表明，其中相当一部分治理机制的经济效应还存在很大争议，如何有效安排治理机制以获取最佳治理效应尚无定论。比如，从股权结构配置角度来看,多个大股东之间相互监督、合谋串通抑或摩擦斗争等不同行为模式产生的公司治理效应显著不同。其既可能弱化委托代理冲突,约束管理者的投机行为;也可能加剧委托代理冲突,激化内部人的机会主义行为。从董事会性别构成视角来看,女性更勤勉、道德感更强,但也更加被动、服从,其性别特质的两面性使得女性董事产生的公司治理效应也还需要从其他视角加以检验。

基于上述分析,本研究以劳动投资效率作为切入点,全面聚焦股权结构、董事会、管理者激励、会计信息质量等内部治理结构,以及审计监督、产品市场竞争、数字金融发展水平等外部治理机制,分析和检验其各自对劳动投资效率的影响效应及作用机制。这有助于进一步全面厘清和认知相关治理机制的经济效应,进而为改善公司治理结构、提升企业劳动投资效率,提供有益政策建议。

1.1.2 研究意义

当前,我国经济已经进入高质量发展阶段。高质量发展对企业资源配置效率和各项要素的潜能释放提出了更高要求。劳动投资作为企业重要的资源配置活动,其效率高低直接关乎高质量发展目标的实现,因而受到理论界和实务界的广泛关注与重视。在当前我国劳动力市场人口老龄化程度加深、劳动年龄人口减少的现实背景下,本研究旨在系统考察企业各项内外部治理机制对劳动投资效率的影响效应与作用机制;同时结合企业属性特征、其他内外部治理机制、所处制度环境差异,探究其对企业劳动投资效率在不同情境下的异质性影响。其理论价值和现实意义主要体现在以下方面。

从理论意义来看,本研究基于委托代理理论、信息不对称理论、公司治理理论,全面剖析并检验了多个大股东、女性董事、管理者薪酬激励、会计信息可比性等内部治理结构,行业专长审计师、产品市场竞争、数字金融发展水平等外部治理机制对企业劳动投资效率的影响效应及其作用机制。这不仅有助于从劳动投资效率视角全面认知各项治理机制的经济效应,为明晰其在治理效能方面存在的争议提供进一步的经验证据,而且有助于从理论根源上厘清企业非效率劳动投资的诱发机理，进而为从公司治理视角探究企业劳动投资效率影响因素的相关研究提供新思路。

从现实意义来看，本研究的结果表明，多个大股东、女性董事等公司治理机制并不能对劳动投资效率产生积极影响，因而在实践中要注意辩证看待各项公司治理机制所产生的经济效应，不能一概而论，盲目推行。同时，从企业属性特征、其他内外部治理机制、所处制度环境等方面进行的异质性检验，进一步明确了各项公司治理机制提升或降低劳动投资效率的作用边界与条件依据。其能够为提高公司治理水平，进而提升企业劳动投资效率提供更具针对性的对策建议。

1.2 研究内容、框架与方法

1.2.1 研究内容

本研究主要聚焦于分析和检验企业内部治理结构与外部治理机制对非效率劳动投资行为的影响，以期为企业提升劳动投资效率，促进其高质量发展提供对策建议，具体包括以下 10 章的内容。

第 1 章是研究概述。本章首先介绍本研究的主要背景与所聚焦的问题，对研究意义进行阐述，其次对研究内容和研究框架进行论述并进一步说明研究方法，最后总结本研究的创新点与研究贡献。

第 2 章是文献综述与理论基础。文献综述部分，首先简要阐述企业劳动投资效率的内涵与测度问题，然后从管理者特质、企业信息透明度、内外部治理机制、经营特征及制度环境五个维度对国内外企业劳动投资效率影响因素的相关文献进行全面回顾与梳理，同时总结企业非效率劳动投资经济效应的相关文献，最后分析并指出这些文献的不足之处与可以拓展的地方，为本研究的写作奠定文献基础。理论基础部分，主要介绍本研究所涉及的委托代理理论、信息不对称理论、公司治理理论，为本研究的写作奠定理论基础。

第3章是多个大股东对企业劳动投资效率的影响研究。本章从股权结构配置视角出发，基于多个大股东的监督效应、合谋效应、冲突效应，全面剖析并检验其对企业劳动投资效率的影响效应及作用机制，并进一步从企业内外部治理水平（管理者薪酬激励与外部审计监督质量）及企业所处制度环境（市场化程度与儒家文化）等方面，检验了多个大股东影响企业劳动投资效率的情景因素。

第4章是女性董事对企业劳动投资效率的影响研究。本章从董事会性别构成视角出发，基于女性董事的性别特征，分析并检验了其对劳动投资效率产生的影响，并进一步从女性董事的背景特征（海外经历与学术经历）、企业外部制度环境（市场化程度与儒家文化）等方面，探讨了不同情境下女性董事对企业劳动投资效率的差异化影响。

第5章是管理者薪酬激励对企业劳动投资效率的影响研究。本章从管理者激励视角出发，聚焦最为基础的薪酬激励维度，全面分析并检验了管理者绝对薪酬激励与相对薪酬激励对企业劳动投资效率的影响效应及作用机制，并进一步从管理者权力与管理者能力两个方面，探讨了不同情境下薪酬激励对企业劳动投资效率的差异化影响。

第6章是会计信息可比性对企业劳动投资效率的影响研究。本章从会计信息质量角度出发，从可比性这一维度全面剖析并检验了其对企业劳动投资效率的影响效应及作用机制，并进一步从内部控制质量、审计质量、证券分析师关注度等内外部治理机制入手，考察了会计信息可比性影响劳动投资效率的情景因素。

第7章是审计师行业专长对企业劳动投资效率的影响研究。本章从审计这一重要外部监督治理机制入手，基于行业专长审计师外部监督治理功能与信息优化功能，从信息不对称及信息不确定性视角，考察了审计师行业专长对企业劳动投资效率的影响效应及作用机制，并从企业产权性质、内部控制质量、所处地区法治发展水平等维度，探讨了审计师行业专长对劳动投资效率的异质性影响。

第8章是产品市场竞争对企业劳动投资效率的影响研究。本章从外部市场治理机制出发，基于"竞争—治理"和"竞争—诱导"两个方面全面剖析了产品市场竞争对企业劳动投资效率可能产生的影响效应及作用机制，并结合企业市场竞争地位与多元化程度等本身属性特征、内部控制质量与机构投资者持股类型等企业内外部治理水平分析并探讨了产品市场竞争对提升企业劳动投资效率的情景差异。

第9章是数字金融发展对企业劳动投资效率的影响研究。本章从金融发展环境入手，以数字技术与金融有机融合、迭代创新催生出的数字金融为切入点，全面剖析并检验了其对企业劳动投资效率的影响效应及作用机制，并进一步从企业基本属性特征（产权性质与生命周期）、企业内外部治理水平（内部控制质量与机构投资者持股类型）、外部金融发展环境（传统金融发展水平与金融监管强度）等方面，考察了数字金融发展影响企业劳动投资效率的可能情景差异。

第10章是主要结论与政策建议。本章基于前述理论分析与实证检验结果，总结研究结论，提出相应的对策建议，并对本研究的局限及未来可能的研究方向进行阐述。

1.2.2 研究框架

本研究以近年来我国劳动力市场出现的人口老龄化程度加深、劳动年龄人口减少、经济高质量发展为现实背景，在对以往文献进行系统梳理以后，基于委托代理、信息不对称、公司治理等相关理论，全面考察了企业内部治理结构（包括股权结构、董事会治理、薪酬激励、会计信息质量）与外部治理机制（包括审计监督、产品市场竞争、数字金融发展）对劳动投资效率的影响，从而为进一步完善企业内外部治理机制、提升企业劳动投资效率提供政策建议。具体的研究思路和框架如图1-1所示。

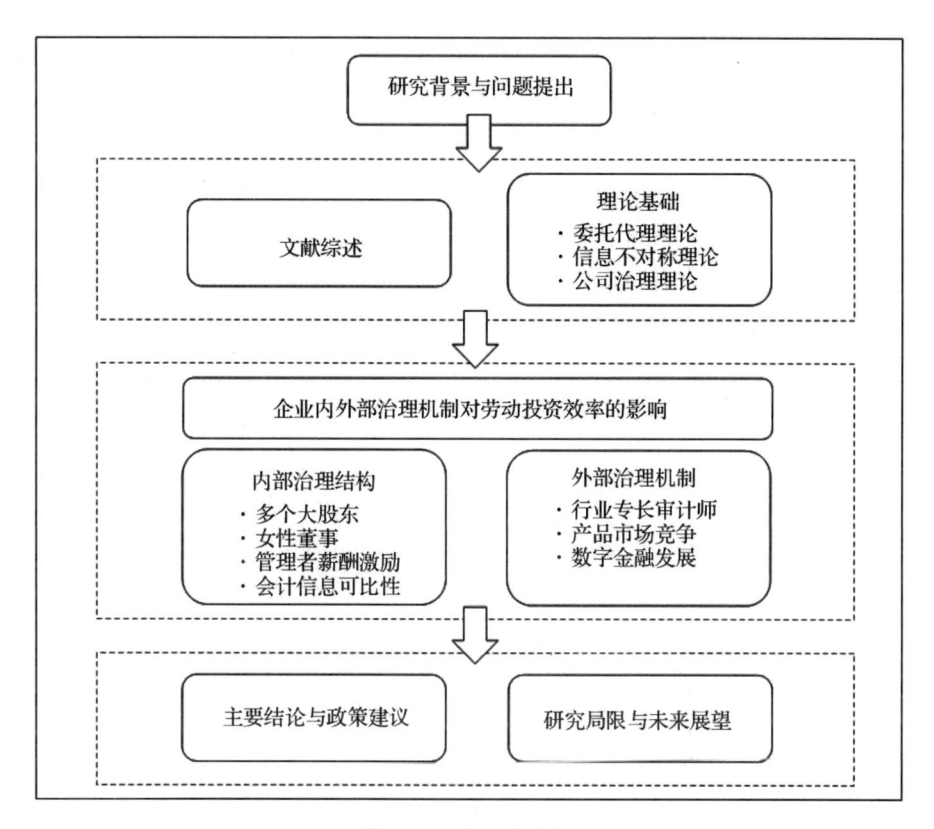

```
┌─────────────────────────────────────────────────┐
│              研究背景与问题提出                  │
│                     ↓                           │
│   ┌─────────────────────────────────────────┐   │
│   │                          理论基础        │   │
│   │      文献综述          ·委托代理理论     │   │
│   │                        ·信息不对称理论   │   │
│   │                        ·公司治理理论     │   │
│   └─────────────────────────────────────────┘   │
│                     ↓                           │
│   ┌─────────────────────────────────────────┐   │
│   │   企业内外部治理机制对劳动投资效率的影响 │   │
│   │   内部治理结构         外部治理机制      │   │
│   │   ·多个大股东         ·行业专长审计师   │   │
│   │   ·女性董事           ·产品市场竞争     │   │
│   │   ·管理者薪酬激励     ·数字金融发展     │   │
│   │   ·会计信息可比性                        │   │
│   └─────────────────────────────────────────┘   │
│                     ↓                           │
│      主要结论与政策建议    研究局限与未来展望    │
└─────────────────────────────────────────────────┘
```

图 1-1 研究框架图

1.2.3 研究方法

为了全面考察企业内部治理结构与外部治理机制对非效率劳动投资行为的影响，本研究将综合运用规范研究、实证研究、比较研究等方法。具体论述如下。

1. 规范研究方法

规范研究方法主要是基于事物之间一般性的内在联系，通过逻辑推理与分析得出研究结论，主要解答"应该是什么"的问题。本研究以我国劳动力市场现状与经济高质量发展为背景，在梳理现有相关研究文献后提炼出本研究所聚焦的主要问题，围绕企业内外部治理机制对劳动投资效率的影响这一研究主题，基于委托代理理论、信息不对称理论、公司治理理论等相关基础理论，规范分析各项内外部治理机制对企业劳动投资效率所产生的影响效应及作用机制。

2. 实证研究方法

实证研究方法主要是基于对事实、客观的现象、数据进行系统的验证，进而得出研究结论，其重点是解答现象本身"是什么"的问题。本研究在规范分析的基础上提出相关研究假说，以我国沪深 A 股上市企业为研究对象，对企业内外部治理机制是否及如何影响劳动投资效率进行实证分析，以检验研究假说是否成立。在此过程中，本研究综合运用了描述性统计、最小二乘法回归、工具变量法、倾向得分匹配法、Heckman 两阶段法等多种方法。这些方法不仅能够有效揭示研究问题的实质及背后的作用机制，还能确保研究结论的稳健性。本研究的实证分析均采用 Stata 统计软件完成。

3. 比较研究方法

本研究在分别考察企业各项内外部治理机制对劳动投资效率的影响时，还进一步将产权性质、生命周期等企业基本属性特征，内部控制质量、机构投资者持股类型及证券分析师关注度等其他内外部治理机制，市场化程度、法治环境、儒家文化等正式与非正式制度环境等引入理论分析框架。本研究运用比较分析法探究了不同情境下企业各项内外部治理机制效应发挥的差异，并运用上市企业相关数据进行了异质性检验，以深化对企业内外部治理机制影响劳动投资效率作用边界的理解和认知。

1.3 研究特色与创新之处

相较于以往研究，本研究在理论和实践方面存在以下贡献。

第一，丰富和拓展了企业劳动投资效率影响因素的相关研究。企业劳动投资效率的影响因素是近年来劳动经济学与公司金融学领域的热点研究话题。已有研究指出，信息不对称、委托代理冲突是诱发企业非效率劳动投资的根本原因。因此，完善企业内外部治理机制对提升劳动投资效率具有非常重要的意义。现有文献虽然已经从信息透明度、企业内外部治理机制等多方面进行了讨论和分析，但是仍然还存在进一步挖掘空间。比如，股权结构作为现代公司治理的逻辑起点，多个大股东股权结构如何作用于企业劳动投资效率尚未定论；作为企业重要外部治理主体的审计师是否及如何影响企业劳动投资效率也还有待进一步探索，等等。因此，本研究从多个大股东、女性董事、管理者薪酬激励、会计信息可比性、行业专长审计师、产品市场竞争和数字金融发展七个方面，全面审视企业内外部治理机制对劳动投资效率的影响。这是对该领域研究的有效延伸。

第二，深化了对企业内外治理机制经济效应的认知和理解。已有大量研究表明，企业内外部治理机制对企业经营管理行为具有重要影响，然而对于其中相当一部分治理机制的经济效应仍存在很大争议。比如，多个大股东之间相互监督、合谋串通抑或合谋斗争等不同行为模式产生的公司治理效应显著不同；女性性别特质的两面性使得女性董事产生的公司治理效应还需要从不同维度加以检验；基于锦标赛理论和社会比较理论等不同视角的分析表明，相对薪酬激励对管理者行为产生的影响也截然不同，等等。这些争议和不确定性的存在表明公司治理机制对企业经营管理行为的影响还需要进一步从不同维度予以扩充。本研究从劳动投资效率角度出发，对企业内外部治理机制所产生的影响效应进行了分析和检验，有助于进一步厘清和认知相关治理机制的经济效应。

第三，研究结论具有丰富的实践政策启示。本研究不仅考察了企业各项内外部治理机制对劳动投资效率的影响，还进一步结合了企业基本属性特征、其他内外部治理机制及制度环境等方面的情境差异，对企业内外部治理机制影响劳动投资效率作用边界进行了探讨，明晰了企业内外部治理机制经济效应产生的情景因素。本研究有助于企业进一步完善企业内外部治理机制，进而提升企业劳动要素资源配置效率，为促进企业高质量发展提供更具针对性的政策建议。

第 2 章 文献综述与理论基础

2.1 文献综述

2.1.1 企业劳动投资效率的内涵与测度

投资作为企业最基本的业务活动之一，是企业创造经济价值、获取竞争优势的主要方式，对推动企业可持续发展具有重要作用。从企业投资的种类来看，一般包括资本投资、并购投资、创新投资、劳动投资等。然而，与资本投资、创新投资、并购投资等其他种类投资相比，劳动投资具有自身的独特属性。一方面，与劳动投资有关的调整成本比较低，由于劳动投资的可变、流动及可逆的性质（Jung 等，2014），管理者在解聘和雇佣员工时具有更大的自由裁量权。另一方面，劳动投资的回报是间接、长期且不确定的，这使得企业在进行劳动投资时需要做出差异化的权衡。此外，企业劳动投资效率相对而言存在更高的溢出效应，而非简单的加总关系（卜君、孙光国，2020）。这些差别使得关于其他种类投资的研究结论不一定适用于劳动投资，因而对劳动投资进行单独研究就显得尤为必要。

从现有文献来看，如何优化企业资本投资决策，进而提升资本投资效率受到了学术界的广泛关注，因此准确测度企业资本投资效率就成为相关研究需要解决的首要问题。大量学者从资源投入的角度对企业资本投资效率的内涵进行了界定，认为企业资本投资效率主要反映的是企业资源投入的合理程度（王克敏等，2017；王丹等，2020）。一般而言，根据企业的经营现状及治理特征，企业会存在一个相对理想的最优资本投资水平，若企业的实际资本投资水平与最优资本投资水平之间存在偏差，则意味着企业发生了非效率的资本投资。具体而言，实际资本投资水平大于最优资本投资水平，表明企业存在资本投资过度问题，可能会引发资源浪费现象；而实际资本投资水平小于最优资本投资水平，则表明企业存在资本投资不足问题，意味着企业没有充分地利用其所拥有的资源来创造更大经济利益。基于此，现有文献中基本使用企业实际资本投资水平与最优资本投资水平之间的差额来测度企业资本投资效率。当两者之间的差额越大时，企业的非效率资本投资问题就越严重，也即资本投资效率越低（Richardson，2006；Biddle 等，2009；靳庆鲁等，2012）。

与上述企业资本投资效率内涵界定的思路类似，劳动投资效率可以被认为是企业实际劳动投资规模与生产经营所需最佳规模之间的匹配程度（李小荣等，2019），是对企业劳动要素资源投入水平合理程度的刻画。企业劳动投资效率可使用企业实际劳动投资规模与由企业经济基本面所决定的最优劳动投资规模之间的差异来进行测度（Jung 等，2014；Khedmati 等，2020；Ghaly 等，2020），两者之间的差额越大，意味着企业劳动投资效率越低。具体而言，企业实际劳动投资规模大于最优水平，表明存在企业劳动投资过度问题；反之，则表明企业存在劳动投资不足的问题。劳动投资过度和劳动投资不足都是企业劳动投资效率低下的具体体现。

2.1.2 企业劳动投资效率的影响因素

（1）管理者特质与企业劳动投资效率

高层梯队理论认为，管理者是企业资源配置的决策主体，其先天特质及后天经历都会显著影响企业战略选择与决策的行为。因而管理者的个人特质会对企业劳动投资效率产生重要影响。孔东民和胡福丽（2019）全面考察了高管特征对企业劳动投资效率的影响。他们发现，受教育水平高、年龄大及任期长的高管能够显著提升企业劳动投资效率，持股比例高的高管由于管理者防御效应反而降低了企业劳动投资效率，高管性别比例则对劳动投资效率无显著影响。具体到更为细致的人口统计学特征维度，就高管性别而言，秦璐等（2020）研究发现，在涉及劳动投资决策时，女性高管的保守特质对劳动投资效率的消极影响超过了其伦理观和性格特征对劳动投资效率的积极影响，使企业在做出劳动投资决策时过度谨慎，最终损害了劳动投资效率。Sun 和 Zhang（2021）考察了董事会性别多样化对企业劳动投资效率的影响后发现，女性董事在约束管理者机会主义行为和改善公司治理水平方面具有重要作用，能够有效提升企业劳动投资效率。Mo 和 Lee（2022）也发现，女性首席执行官通过做出更优的雇佣决策有效抑制了劳动投资过度，提升了企业劳动投资效率。从高管的户籍特征来看，本地任职的首席执行官作出了明显更优的劳动投资决策，并且信息优势、公司治理及首席执行官文化背景在其中发挥了重要作用（Tong 等，2023）。从先天特质方面来看，Lai 等（2021）发现过度自信的高管通常会对企业未来发展前景保持相对乐观的预期，从而倾向于雇佣更多劳动力以应对未来随时可能到来的具有盈利前景项目，进而导致雇佣的员工数量超过了最佳规模，引起企业劳动投资效率的降低。从后天经历方面来看，Li 等（2023）发现具有海外经历的高管，尤其是具有海外学习经历的高管，能够有效降低企业委托代理成本、吸引证券分析师关注并缓解融资约束，从而优化企业劳动投资效率。作为管理者隐性特质综合体现的管理者能力也会对企业劳动投资效率产生重要影响。基于有效契约观，Fu 和 Lee（2018）发现，为了实现投资者利益最大化目标，能力越强的管理者越有实力将员工雇佣规模维持在适当水平上，从而对企业劳动投资效率产生积极影响。

（2）企业信息透明度与企业劳动投资效率

企业内外部信息不对称是管理者实施非效率劳动投资行为的重要诱因和前提，因此提升信息透明度能够有效约束管理者的机会主义行为，进而增强其劳动投资决策的合理性，提升企业劳动投资效率。

从财务信息的角度来看，Pinnuck 和 Lillis（2007）认为，披露亏损的财务报告对管理者行为具有约束效应，能够有效缓解委托代理冲突。进一步的实证结果表明，报告亏损的企业与报告盈利的企业在劳动力投资规模上存在显著差异。企业在报告亏损后会放弃低效率的资本投资项目，从而减少冗余劳动力。Jung 等（2014）开创性地考察了财务报告质量对企业劳动投资效率的影响。结果发现，高质量财务报告能够降低由信息不对称导致的市场摩擦进而改善企业劳动投资效率。与此类似，Aflatooni 和 Khazaei（2016）发现，较低的操控性应计利润水平有助于改善对管理者监督效率，从而遏制企业非效率劳动投资现象的发生。Yuan 等（2022）也发现，较高的会计信息质量通过缓解融资约束和委托代理冲突，能够有效降低企业劳动投资不足和劳动投资过度。Ha 和 Feng（2018）研究发现，会计稳健性能显著降低企业内外部信息不对称，提供关于项目盈利能力的早期预警信号，从而抑制低效率的劳动投资。Zhang 等（2020）、喻彪和杨刚（2022），以及袁知柱和侯利娟（2022）均发现，更可比的会计信息能够提升企业信息透明度，改善企业内外部监督治理水平，从而提升劳动投资效率。Cao 等（2023）还发现，盈余平滑有助于缓解信息不对称从而抑制企业非效率劳动投资。Luo 和 Zhang（2020）研究发现，良好的内部信息环境（公司收益发布速度越快、管理者收益预测准确度越高）有助于管理者获取及时准确的信息，从而做出更佳的劳动投资决策。

从非财务信息的角度来看，Ben-Nasr 和 Alshwer（2016）研究发现，将关于企业未来发展前景、产品需求等方面的特质信息有效融入股价，意味着较高的股价信息含量，其能够促使外部利益相关者更好地监督、约束内部管理人员，降低企业为劳动投资进行融资的市场摩擦，从而提升企业劳动投资效率。方军雄和于传荣（2020）研究发现，在股价崩盘之后，上市公司的信息透明度会得到显著改善，从而使企业劳动投资效率提升。Jiang 等（2021）研究发现，较高的环境信息披露水平能够有效缓解企业劳动投资不足，提升企业劳动投资效率。Pereira da Silva（2024）进一步研究发现，企业环境、社会与治理（ESG）方面的信息披露均有助于提升企业劳动投资效率。Di 和 Li（2023）还发现，当企业环境、社会与治理（ESG）信息披露得言过其实时，企业劳动投资效率会相对更低。

（3）企业内外部治理机制与企业劳动投资效率

高水平的公司治理能够对管理者及大股东的机会主义劳动投资行为进行

有效的监督和约束，从而提高企业劳动投资效率。就企业内部治理结构而言，在股权治理方面，马新啸和黄晓珊（2023）研究发现，国有企业引入非国有股东参与治理，不仅能够通过缓解政府干预、加强内部控制建设、完善薪酬激励和减少信息不对称等途径，抑制部分国有企业的劳动投资过度行为；还能够通过完善薪酬激励和减少信息不对称的机制，缓解另一部分国有企业的劳动投资不足问题。付光新等（2024）的研究也表明，通过强化监督和抑制预算软约束，国有企业混合所有制改革能够显著提高自身的劳动投资效率。周冬华和徐移兰（2024）还发现，作为广大中小股东利益代表的中证中小投资者服务中心通过各种途径和方式积极行使股东权利，能够有效降低企业内外部信息不对称并缓解委托代理冲突，进而显著提升企业劳动投资效率。

在董事会治理方面，Khedmati 等（2019）研究发现，独立董事与首席执行官存在密切关系会降低独立董事监督的有效性，从而无法有效制约管理者的低效率劳动投资。Lopatta 等（2020）以德国公司为研究对象进行研究，发现董事会的"对等共决制"能够有效降低信息不对称并缓解委托代理冲突，从而提高劳动投资效率。Fan 等（2022）以央企集团建设规范董事会为准自然实验，考察了控股股东董事会治理水平的提升对集团内子公司劳动投资效率的影响。结果表明，央企集团建设规范的董事会能够对子公司的管理者起到监督、约束的作用，从而能够提高国有企业劳动投资效率。Le 和 Tran（2022）则以 41 个国家的董事会独立性改革作为外生冲击，采用双重差分法考察了其对企业劳动投资效率的影响。结果表明，董事会独立性的提升有助于改善企业劳动投资效率。Le 等（2024）研究发现，交错董事会使得董事和经理人免受短期业绩波动的困扰，提高了董事和经理人的工作稳定性，增强了其投资决策的长期性，有助于提升企业劳动投资效率。

在管理者监督与激励方面，李小荣等（2021）发现，高质量内部控制通过增强信息透明度和降低委托代理成本，显著提高了企业的劳动投资效率。袁知柱等（2022）也发现，高质量的内部控制能起到抑制非效率劳动投资的作用。喻彪和杨刚（2022）发现，内部控制存在重大缺陷企业的劳动投资不足情形更为严重，企业劳动投资效率更低。Cao 等（2024）的研究也得出了类似结论。通过进一步的分析还发现，修正内部控制重大缺陷意味着内部控制质量的提高，有助于提高劳动投资效率。Mo 等（2019）发现，首席执行官持有公司内部债务能够增强其行为的稳健性和长期性，显著缓解委托代理冲突，从而提升企业劳动投资效率。Sualihu 等（2021）考察了高管股权激励对企业劳动投资效率的影响后发现，股票期权激励显著加剧了企业非效率劳动投资，而授予限制性股票则提升了企业劳动投资效率。袁知柱等（2023）聚焦薪酬激励研究发现，较高的管理者薪酬激励水平可以有效提升企业劳动投资效率。陈邑早等（2024）发现，高管薪酬相较于契约参照点的得益越少，企业劳动投资效率越低。这一影响主要存在于垂直参照点和水平参照点维度。Li 等（2024）发现，首席执行官与员工之间的内部薪酬差距有助于提升企业劳动投资效率。Chowdhury 等（2022）考察了高管行业锦标赛对企业劳动投资效率的影响，发现当首席执行官面临来自经理人市场更强的锦标赛竞争压力时，出于释放就业竞争力积极信号及累积个人声誉等方面的原因，他们会更加积极地改善企业的雇佣决策，进而对企业劳动投资效率提升起到积极的推动作用。Hu 和 Li（2024）发现，高管在职消费与低效率的劳动投资呈正相关关系，支持了委托代理理论。

在员工治理方面，Cao 和 Rees（2020）在构建包括公司是否设置完备的分红及退休福利计划、员工参与决策的程度及公司裁员情况等要素的员工待遇评分体系测算时发现，较好的员工待遇能够起到改善企业劳动投资效率的作用。与此类似，Adwan 等（2024）也发现员工满意度与企业劳动投资效率呈现出显著的正相关关系。刘圻和赵沪晓（2022）发现，实施员工持股计划能够有效改善企业内部控制质量，从而提升企业劳动投资效率。Adwan（2024）的研究表明，员工持股还能通过减少信息不对称、增强对管理者的监督水平两个渠道改善企业劳动投资效率。

就企业外部治理机制而言，证券分析师、机构投资者及新闻媒体作为资本市场重要的参与主体，能够有效发挥监督者和信息中介的作用，对企业劳动投资效率产生重要影响。在证券分析师方面，陈婧等（2018）研究发现，证券分析师跟踪能够缓解企业融资约束和委托代理冲突，进而改善劳动投资过度和劳动投资不足，提升企业劳动投资效率。Mo 和 Lee 在其 2019 年和 2020 年的研究中也进一步支持了该结论。Sualihu 等（2021）从证券分析师盈余预测质量角度出发，发现较高的证券分析师盈余预测质量，即较高的盈余预测准确性和较低的盈余预测分歧度，能够显著提升企业劳动投资效率。在机构投资者方面，Ghaly 等（2020）研究发现，具有长期投资视野的机构投资者可以降低委托代理冲突、提高劳动投资效率。刘进和孙苏璐（2022）发现，通过降低两类委托代理成本和缓解融资约束，机构投资者持股能够显著提高企业劳动投资效率。Do 和 Le（2025）基于 37 个国家的公司样本研究发现，外国机构投资者在全球范围内实现了良好的公司治理实践，有效提升了企业劳动投资效率。此外，机构投资者还能通过实地调研的方式对企业非效率劳动投资发挥积极的监督和治理效应（Lai 等，2022；Li 等，2024）。在媒体监督方面，Liu 等（2023）发现，通过发挥激励效应、监督效应及信息披露效应，无论是传统报刊媒体的新闻报道，还是新兴网络媒体的新闻报道都能有效降低企业劳动投资过度和劳动投资不足，全面提升企业劳动投资效率。

除了前述资本市场参与主体能够对企业劳动投资效率产生积极影响之外，资本市场运行机制的进一步完善也会对企业劳动投资效率产生一定影响。褚剑和方军雄（2020）研究发现，卖空管制放开后，企业劳动投资不足得到明显改善。这得益于卖空机制对企业融资约束和管理松弛的缓解。而 Ding 等（2020）的研究却表明，当企业面临股价下跌的压力时，卖空机制的引入导致了企业劳动投资过度，通过雇佣冗余，管理者可以向股东等外部利益相关者传递公司发展前景的有效信息。喻彪等（2022）发现，资本市场开放主要通过增加股价信息含量、改善企业信息透明度及缓解委托代理冲突等途径提升企业劳动投资效率。Tian 等（2023）的研究也支持了资本市场开放对企业非效率劳动投资的治理效应。

（4）企业经营特征与企业劳动投资效率

企业经营特征也会显著影响其自身的劳动投资效率。总体来看，外部经营环境的不确定性会加剧企业委托代理冲突，降低管理者做出有效劳动投资决策的可能性，进而导致企业劳动投资效率低下（卜君、孙光国，2020）。从组织结构角度来看，Jung等（2019）以韩国企业为研究对象，发现集团内部劳动力市场的存在及外部融资便利性使得集团下属企业的劳动投资效率高于非集团下属企业。Chen等（2024）研究发现，参与战略联盟会加剧企业委托代理冲突和信息不对称程度，进而导致企业劳动投资效率降低。从企业战略类型来看，张焰朝等（2020）研究发现，相较于实施防御型战略的企业，实施进攻型战略的企业劳动投资效率会更低。Habib和Hasan（2021）进一步以美国企业为研究对象发现，进攻型战略带来的信息不确定性是造成企业劳动投资效率低下的重要原因。Bai等（2023）研究发现，相较专业化经营的企业，实施多元化经营的企业信息不对称程度更高、信息披露质量更低。这会显著加剧企业委托代理冲突，从而导致劳动投资效率低下。从供应链角度来看，陈瑜阳等（2023）研究发现，客户集中度越高的企业由于面临更高的客户需求不确定性，其劳动投资效率也会越低。Liu等（2024）则发现，较高的客户集中度会导致企业信息披露准确性降低、经营风险增加，从而激励管理者"商业帝国"建设，降低企业劳动投资效率。从资产特性来看，Le和Ouyang（2023）研究了美国企业资产可再部署性对劳动投资效率的影响，发现资产可再部署性为管理者提供了更多的盈余管理机会，降低了财务报告的质量、可读性和可比性，从而损害了劳动投资效率。

在数字经济高速发展的时代背景下，数字化转型成为企业实现高质量发展的重要突破口和着手点，数字化是当前企业经营变革的主要方向。大量研究表明，数字化转型也会对企业劳动投资效率产生重要影响。周冬华和万贻健（2023）发现，数字化转型能够通过提升信息透明度和优化人力资本结构来提升企业劳动投资效率。喻彪等（2023）认为，提升企业信息透明度和内部控制质量是数字化转型提升企业劳动投资效率的重要途径。陈邑早和岳新茹（2023）则发现，数字化转型主要通过决策优化效应及资源效应来实现企业劳动投资效率的提升。钟娟等（2023）的研究结果表明，数字化转型能通过增强企业资源管理与利用能力缓解融资约束和提高全要素生产率，进而提高企业劳动投资效率。秦际栋和方潇（2023）发现，企业数字化主要通过缓解信息不对称、降低委托代理成本、优化人力资本结构三条路径提升劳动投资效率。Liu 等（2023）的研究则表明，数字化转型对劳动投资效率的提升效应与企业所处生命周期有关，主要体现在处于成长期和成熟期的企业中。Wang 等（2024）的研究表明，减少委托代理问题和缓解融资约束是数字化转型提高企业劳动投资效率的潜在渠道。Yan 等（2024）的研究表明，数字化可以使得管理者更准确地判断劳动力投入规模、加快就业调整响应能力、招募高质量的潜在劳动力、提升监督治理水平，从而有助于管理者做出高效的劳动投资决策。

（5）外部制度环境与企业劳动投资效率

企业总是在一定的制度环境下进行经营管理，外部政治、法律及经济等方面的环境和政策发生变化必然会影响到管理者的决策有效性，进而影响到企业劳动投资效率。从政治环境来看，Kong 等（2018）研究发现，地方政府官员的晋升激励会显著提高当地企业的劳动净雇佣量，从而降低企业劳动投资效率。特别是对于劳动投资不足的企业而言，官员晋升激励只会促使企业增加雇佣人力资本水平较低的劳动力，从而扭曲企业人力资本结构，降低劳动投资效率。Luo 等（2020）基于管理者"堑壕"假说，以地方政府领导人更替衡量政治不确定性，发现政治不确定性使得管理者可以雇佣更多的劳动力来扩大其"商业帝国"，显著降低了企业劳动投资效率。与此类似，Chowdhury 等（2024）的研究也发现，总部设在腐败程度较高地区的企业，由于信息透明度较低和出于对自身财产保护的需要，降低了对管理者行为的监督效率，企业的劳动投资效率会相对更低。

从法律环境来看，Do 和 Le（2022）研究发现，美国各州相继出台的降低股东诉讼权的 UD 法律（universal demand laws）会加剧企业委托代理冲突，进而对劳动投资效率产生负面影响。孔东民等（2020）以《中华人民共和国劳动合同法》的颁布实施作为政策外生冲击，使用双重差分模型检验发现，劳动保护增强显著提升了企业的解雇成本，使得企业难以解雇不合格员工，从而降低了劳动密集型企业的劳动投资效率，这主要表现为加重了企业劳动投资过度,尤其对国有企业来说,更是如此。Guo 等(2021)的研究也进一步支持了该结论。Zhao 和 Zhang(2024)同样以《中华人民共和国劳动合同法》的颁布实施作为自然实验,在探讨劳动保护加强对企业劳动投资效率的影响时发现,较强的劳动保护显著提高了企业劳动投资效率,并且这一影响在中小企业和非国有企业中更为显著。Palmeira 等(2023)的研究结果则表明,通过影响企业委托代理冲突和经营风险,一般性的就业保护立法显著提升了企业劳动投资效率,而常规和临时性的特定就业保护法律则增加了企业进行劳动投资过度的动机。Fan 等(2021)研究发现,通过强化法治保护和缓解融资约束,《中华人民共和国物权法》的颁布实施有效提升了企业劳动投资效率。Ding 等(2023)也以《中华人民共和国企业破产法》和《中华人民共和国物权法》的颁布实施作为外生冲击,研究发现,强化债权人保护能够提高企业劳动投资效率。

从经济环境来看,总体上,经济政策不确定性的增加会倒逼企业更加高效地调整劳动投资,从而促进企业劳动投资效率的提升(Chu & Fang, 2020)。从环境规制政策来看,Chen 等(2022)利用二氧化硫排放权交易制度实施作为环境规制的外生冲击,考察了环境规制对劳动投资效率的影响。结果发现,二氧化硫排放权交易制度阻碍了企业劳动投资效率的提升。Cao 等(2023)研究发现,低碳城市试点政策实施虽然通过弱化委托代理冲突和促进绿色创新优化了企业劳动雇佣结构,但是却降低了企业劳动投资效率。Ma 等(2024)研究了碳排放权交易制度对企业劳动投资效率的影响。结果发现,碳排放权交易制度的实施能够促进企业绿色技术创新、缓解企业融资约束,从而显著提高企业劳动投资效率。从信贷政策来看,Liu 等(2023)利用 2012 年中国《绿色信贷指引》的实施作为准自然实验,研究发现,绿色信贷政策对劳动力投资效率具有显著的积极影响。这种积极影响主要来自人力资本升级和委托代理冲突的缓解。Mbanyele 等(2024)则考察了绿色信贷政策对高碳风险企业劳动投资效率的影响。结果发现,绿色信贷会导致企业气候风险加剧,促使碳风险较高的企业将劳动力投资规模调整到最优水平。从税收政策来看,Kaplan 和 Lee(2024)以美国《减税与就业法案》的实施为政策外生冲击，考察其对劳动投资效率的影响。结果发现，该法案实施后，企业因为税率的降低而减少了大量现金流出，所以企业持有了更多现金资产，这显著加剧了企业委托代理冲突，从而导致劳动投资效率有所下降。Guan 等（2024）发现，结构性减税能够显著提高企业劳动投资效率，并且这一影响在非国有企业和融资约束较高的企业中更为明显。从产业政策来看，Li 和 Wu（2023）研究发现，政府通过产业政策的间接干预造成了较低的就业人数和较高的劳动投资效率。Lv 和 Chen（2024）还发现，中国的自由贸易区通过优化营商环境、降低交易成本及升级人力资本结构，显著提高了企业劳动投资效率。基于其他外部宏观条件，学者们也做出了一定探索。翟淑萍等（2022）研究发现，数字经济的快速发展可以引导企业优化人力资本结构、削弱管理者权力，进而提升企业劳动投资效率。Yuan 等（2023）以中国上市公司为样本进行研究，发现劳动力市场的市场化程度越高，企业劳动投资过度和劳动投资不足情形越少，企业劳动投资效率越高。张功富和詹俊（2023）、Jiang 等（2024）的研究均发现，人口老龄化对企业劳动投资效率有明显的正向影响。

从非正式制度环境的角度来看，Khedmati 等（2021）研究了宗教氛围与企业劳动投资效率的关系，发现位于宗教氛围较为浓厚地区的企业劳动投资效率更高。申丹琳和江轩宇（2022）研究了社会信任与企业劳动投资效率的关系，发现社会信任有助于提高企业劳动投资效率。赵彦峰（2023）进一步研究发现，缓解委托代理冲突、提高信息透明度是社会信任提高劳动投资效率的潜在路径。张璇和可善雪（2023）还考察了儒家文化对企业劳动投资效率的影响，发现儒家文化能够通过缓解管理者委托代理问题、增强企业内部社会责任两条路径来提升企业劳动投资效率。

2.1.3 企业劳动投资效率的经济后果

相较于企业劳动投资效率影响因素的丰富研究成果，企业劳动投资效率经济后果方面的研究成果屈指可数，仅有的几篇文献主要集中在考察劳动投资效率对公司业绩、避税、创新等方面的影响。Jung 等（2017）考察了韩国公司的劳动投资效率是否以及在多大程度上有助于企业价值的提升。结果发现，偏离最优劳动投资越多，企业未来经营业绩越低，外部融资成本也越高。孔东民等（2017）研究发现，劳动投资效率作为风险因子显著地影响企业股票收益率，劳动投资效率越高，股票收益率也越高，并且在民营企业和劳动密集型企业尤为明显。Taylor 等（2019）研究发现，非效率劳动投资不仅使得公司信息透明度下降，各项公司内部监督治理机制难以有效运行，也使得公司外部融资市场摩擦增加，进而增加了公司的避税程度。管考磊（2021）研究发现，高效率劳动投资能够通过提高企业内部控制水平和降低委托代理成本来促进企业创新，并且这一促进关系在未受产业政策支持的企业、法律保护欠佳地区的企业、技术密集型企业和行业竞争激烈的企业中表现得更为明显。Habib 和 Ranasinghe（2022）还考察了劳动投资效率与信用评级之间的关系，发现低效率的劳动投资降低了企业的信用评级。

2.1.4 现有文献简要评述

随着我国经济进入高质量发展的新时代，劳动力市场也呈现出适龄劳动力人口供给下降、供需结构性矛盾突出等一系列新问题，这对企业如何提升劳动要素资源配置效率提出了严峻挑战。同时，在以技术和服务为导向的现代经济体系中，劳动要素资源合理有效配置对企业获取竞争优势的重要性也愈发凸显。以上是笔者从企业劳动投资效率的衡量、影响因素、经济后果等方面对现有文献进行的归纳和梳理。不难看出，企业劳动投资效率是一个相对崭新的研究领域，是近年来劳动经济学与公司金融领域的热点研究话题之一，在许多方面还存在空白与不足。

经济后果方面，现有研究仅考察了企业劳动投资效率对企业自身业绩、避税、创新等方面的影响。但是，考虑到劳动要素作为企业当中唯一具有主观能动性的资源投入，其配置效率高低不仅会对企业产生重要影响，也关乎宏观经济的高质量发展。因此，关于其影响因素的相关研究受到了理论界和实务界更为广泛的关注。虽然现有研究从会计信息质量、公司内外部治理机制、制度环境等多方面进行了讨论和分析，但是仍然存在进一步探究空间。

比如，以股权结构作为现代公司治理的逻辑起点，多个大股东股权结构是否及如何影响企业劳动投资效率尚未定论；作为企业重要外部治理机制的审计师是否及如何影响企业劳动投资效率也还有待进一步探索。因此，在我国劳动力市场出现显著变化、经济已经转向高质量发展的背景下，全面深入探讨企业劳动投资效率的影响因素具有重要理论价值和现实意义。

2.2 理论基础

2.2.1 委托代理理论

随着生产力的发展，社会分工逐渐开始出现，财产所有者由于受能力和精力的限制不能够对其所拥有全部的财产进行亲力亲为的管理，只能委托比自己更加有能力和精力的专业经理人来行使其经营权，委托代理关系便由此产生。Jensen和Meckling（1976）将委托代理关系定义为"一种契约"，在这种契约下，一个人或更多的人（委托人）聘用另一个人（代理人）代表他们来履行某些服务，包括把若干决策权托付给代理人。委托代理关系的委托人一般是资金提供者，即为企业或资源的所有者，代理人则是负责使用和控制企业资源的管理人员。委托代理理论认为，当管理人员既是企业的所有权拥有者又是这些资源的控制者时，管理人员就会不懈地努力工作，促进企业价值最大化。在这种情况下，一般不存在委托代理问题。然而，当所有权与经营权相分离时，因为管理者（代理人）与股东和债权人（委托人）之间只是一种经济上的契约关系，并且他们都是"理性经济人"，都追求自身效用而非其他方效用的最大化，所以他们的利益函数并不一致。例如，管理者的目标是追求较高的报酬和闲暇；股东的目标是通过资产的经营管理达到利润的最大化；债权人的目标则是要保证债权资金的安全，能够按时从企业收回本金及利息。正是因为代理人与委托人的目标不一致，有时甚至是冲突，所以代理人并不总会以委托人的最大利益为目标来安排自己的行动。再加上代理人与委托人之间存在着信息不对称的问题，这就使得代理人更加有动机利用自身的信息优势以牺牲委托人的利益为代价来使自身利益最大化,在这种情况下,双方就产生了委托代理问题。

传统公司治理关注的焦点问题是股权分散的情况下,企业外部股东和内部管理者之间的代理问题,也即第一类代理问题(Berle & Means,1932)。然而,自 20 世纪 90 年代以来,一些研究相继发现,公司的股权结构并不像 Berle 和 Means(1932)所指出的那样是分散的,集中型股权结构在世界范围内普遍存在,大多数公司直接或间接被终极控制人所控制(La Porta 等,1999;Claessens 等,2000;Faccio & Lang,2002)。中国上市公司也不例外,终极所有权高度集中,终极控制人广泛存在(李伟、于洋,2012)。终极控制人与中小股东之间的冲突才是股权集中型公司面临的主要委托代理问题。

两类委托代理问题的存在对企业非效率劳动投资行为具有重要影响。一方面,管理者和股东之间的第一类委托代理问题会影响到企业劳动投资效率。普遍认为,管理者存在构建"经理帝国"的动机,可能会盲目扩张或保留一些净现值为负的项目(Jensen,1986),进而过度雇佣或者解聘不足,导致劳动投资过度。相关研究指出,无论是出于对权力、威望与职业成就的渴望,还是作为维护和巩固自身高管地位的一项防御策略,管理者都倾向于雇佣超过企业正常经营所需的员工数量(Williamson,1963;Jensen & Meckling,1976)。Pagano 和 Volpin(2005)研究发现,管理者有建立"员工—管理者"联盟的动机。管理者可以通过与员工签订长期劳动合同及采取高福利政策来获得员工支持,弱化外部入侵者的接管意愿,防止外部收购者获得企业控制权。Atanassov 和 Kim(2009)研究发现,经营业绩不佳的管理者通常会通过增加出售不良资产来防止大规模裁员,进而获得员工对管理者的支持。陈冬华等(2011)的研究也表明,高管和员工之间不被第三方所察觉的隐性契约通过"自我执行"实现了"互惠",而这种"互惠"牺牲了企业利益。然而,Bertrand 和 Mullainathan(2003)的研究却表明,"经理帝国"的构建或许并不是常态,管理者也可能更加乐于享受平静安逸的生活。他们的研究表明,这类代理人更可能倾向于减少解聘员工以逃避法律监管责任，导致劳动投资过度；还可能因为偏好偷懒或出于短期业绩压力考虑而不愿意为公司长期财富增长付出努力，进而放弃可能盈利的长期投资机会并推迟或取消招聘，导致劳动投资不足（Ghaly 等，2020）。

另一方面，大股东与中小股东之间的第二类委托代理问题也会影响到企业劳动投资效率。大量研究表明，终极控股股东为了获取控制权私利，往往会通过大量非法占用上市公司资金（李增泉等，2004）、利用上市公司名义进行担保或恶意融资（王琨、陈晓，2007）、进行资本过度投资（俞红海等，2010）和关联交易（魏明海等，2013）等多种方式来"掏空"上市公司，导致公司没有足够资金来满足劳动投资需求，引发劳动投资不足。同时，终极控股股东可能要求上市公司以高于市场水平的价格购买其所控制的资产或者投资于能使其享受协同效应的项目，从而不合理地扩大公司规模（Johnson 等，2000），导致企业雇佣冗余，造成劳动投资过度。

2.2.2 信息不对称理论

信息不对称是指在市场交易中，当市场的一方无法观察到另一方的行为或无法获知另一方行动的完全信息，或者观测和获取信息的成本太过高昂时，交易双方所掌握的信息所处的一种不对称状态。

现代公司制企业最大的特征是所有权与经营权相分离。在两权分离的情况下，信息不对称是普遍存在的，具体执行相关任务的经营者（代理人）往往会比资本所有者（委托人）拥有或掌握关于交易的更多信息。由此，经济交易中可能会衍生出"逆向选择"和"道德风险"两类信息不对称问题。事前的信息不对称会导致"逆向选择"，它是指代理人在与委托人建立契约关系之前，利用其已经知晓的对委托人不利的信息来签订对自己有利的合同，委托人则因未能获取相关信息而处于相对不利的位置。如股东聘用能力和声誉差的职业经理人、病患选择医术不精的医生、老板选择不称职的员工，等等（Spence，1974）。事后的信息不对称会导致"道德风险"，它是指在签订委托代理关系的契约之后，代理人采取各种机会主义行为，只顾实现自身利益最大化，而将委托人的利益"抛之脑后"，不管其是否受到侵害。如管理者过度在职消费、对工作懈怠、投资不当等（Spence，1974）。"道德风险"的产生原因是委托人不能观察到代理人的行为或者因为成本太高而无力观察其行为。

在微观企业层面，信息不对称能显著影响经济主体的经营决策行为，使得委托代理问题中的"逆向选择"和"道德风险"行为具备了实施的可能，从而对企业劳动投资行为产生重要影响。一方面，委托人的"逆向选择"会使劳动投资处于非效率状态。虽然诸如工资、福利费等劳动力成本在一定程度上是可变的，但是劳动力成本还包括其他与雇佣、培训和解雇员工相关的调整项目。这部分成本的增加往往需要通过外部融资来解决（Oi，1962）。另外，如果劳动报酬支付时间与现金流产生不匹配，也会产生劳动融资需求（Greenwald & Stiglitz，1986）。信息不对称会使外部潜在的资金供给者无法了解企业真实情况。由此导致的"逆向选择"会使公司面临融资约束，无法筹集足够资金应对劳动融资需求，进而造成劳动投资不足。Nickell 和 Nicolitsas（1999）发现企业融资约束与员工规模显著负相关。Campello 等（2010）的调查发现，受 2008 年金融危机影响，融资约束的公司裁员规模更大。Caggese 和 Cunat（2008）的研究表明，融资约束会使企业雇佣更多的短期员工，而当企业受到负面冲击时，这些短期员工由于解雇成本较低而率先成为被解雇的对象。这些企业的员工规模变动也更为频繁。Caggese 等（2019）利用瑞典的数据提供了类似证据，新进员工虽然具备更大的劳动力增长潜力，但是由于其解雇成本相对较低，因此融资约束会使企业优先考虑解雇新进员工。

另一方面，代理人的"道德风险"也会扭曲企业劳动投资效率。在信息不对称的情况下，因为管理者和大股东等内部人往往比外部投资者掌握更多关于公司的私有信息，所以外部投资者难以对管理者和大股东出于自利动机的劳动投资行为进行有效监督和约束。这可能导致劳动投资效率低下，造成劳动投资过度或劳动投资不足。Zhang 等（2020）发现会计信息可比性能够提高信息透明度、降低公司内外部信息不对称程度，使董事会、工会、证券分析师、机构投资者、审计师等内外部公司治理主体更好地监督和制约管者在公司劳动投资决策中的机会主义，进而提高劳动投资效率。

2.2.3 公司治理理论

随着公司制企业的发展，现代公司呈现出股权结构分散化、所有权与经营权相分离等重要特征。正是由于现代公司的这些特征，才产生了治理问题，使得其成为现代公司的焦点与核心。"公司治理"这一概念最早出现在经济文献中是在 20 世纪 80 年代中期。自从公司治理这一概念被提出，学者们就对其存在不同的理解，但综合来看，学者们对公司治理含义的界定，主要是围绕着"控制和监督管理者的行为以保护股东利益"和"保护包括股东在内的公司利益相关者利益"这两个主题加以展开（李维安，2005）。

围绕"控制和监督管理者行为以保护股东利益"这个主题，学者们对公司治理的内涵有着不同的理解。Keasey 等（1997）认为，公司治理是指所有者（股东）对公司管理者监督与制衡的正式制度，其目的是通过一种制度安排来保证公司管理者按照股东的利益原则来管理公司，防止管理者利益的背离。Shleifer 和 Vishny（1997）认为，公司治理是公司的资金提供者确保其获得投资回报的一系列机制。例如，股东如何确保管理者将企业经营所得的一部分作为投资回报发放给自己，怎样确定管理者没有侵吞他们所投入的资金或者将这些资金投资到对自己不利的项目上，等等。吴敬琏（1994）把公司治理的范围界定为研究所有者、董事会和高级经理人员三者之间的关系，即企业的法人治理结构。

在"保护包括股东在内的公司利益相关者利益"这个主题上，学者们也未达成一致的观点。Cochran 和 Wartick（1988）认为，构成公司治理问题的核心是谁从公司决策中受益及谁应该从公司的决策中受益，其目的是要协调包括高级管理阶层、股东、董事会和公司其他利益相关者的相互作用中产生的各种问题。钱颖一（1995）认为，公司治理结构是用来支配若干在企业这个联盟中有重大利害关系的利益相关者（包括股东和债权人、管理人员、员工等）之间的关系，并在这种关系中实现各自经济利益的一套制度安排，它应当包括如何配置和行使控制权，如何监督和评价董事会、经理人员和职工,如何设计和实施激励机制等几个方面的内容。张维迎(1996)认为,从广义上来讲,公司治理是有关公司最终控制权和剩余索取权分配的一整套正式或非正式的制度安排。更进一步说,公司治理是企业所有权安排的具体化,而企业所有权则是公司治理的一个抽象概括,两者关系密不可分。

虽然对公司治理的具体含义学者们尚未取得一致意见,但是大体上可以从两个方面来理解。一方面,从狭义上来讲,公司治理的主要目标是以股东利益最大化为原则,防止管理者对其利益的背离。其主要是通过股东大会、董事会、监事会及管理者激励等公司内部治理机制来实现的。另一方面,广义的公司治理则涉及广泛的利益相关者,包括股东、债权人、供应商、雇员、政府和社区,等等。综合而言,公司治理是指通过一套包括正式和非正式的、内部或外部的制度或机制来协调公司与利益相关者之间的利益关系,以保证公司决策的科学化,从而维护公司各方面利益的一种制度安排。

公司治理机制是解决公司各利益相关者各种代理冲突和实现产权安排的保障,一般来讲可以分为内部治理结构和外部治理机制。内部治理结构一般包括股权结构、董事会、高管激励、财务信息披露和透明度等。股权结构是公司治理结构的重要组成部分,它一般包括公司的股份由哪些股东所持有(即持股者的特性)及各个股东所持有的股份占公司总股份的比重有多大(即股权集中或分散程度)。股权结构对公司治理水平的影响,不仅取决于持股者的特性,也取决于股权的集中或分散程度。董事会是连接股东和管理者的"桥梁"。对股东而言,董事会是公司重大决策的代理人;对管理者而言,其又是重大决策实施方案的委托人。一般认为,董事会是公司治理的核心。董事会的独立性、成员规模和构成等均是影响其监督效率的重要因素。激励机制实际上是关于所有者与高层管理者如何分享经营成果的一种契约,设计激励制度的目的是促使代理人按照委托人的利益原则行事,降低两权分离带来的代理成本,实现公司价值最大化。在我国现阶段对高管激励主要包括三种常见的形式,最基本的形式是支付给高管人员工资,第二种是给予与高管人员经营绩效挂钩的奖金,第三种是给予高管人员一定数量的公司股票。上市公司披露的信息是投资者了解公司内部运作情况的最主要途径,也是投资者作出决策的重要因素。作为公司治理的一个重要机制，有效的信息披露有助于股价正确地反映公司的价值，强化资本市场对公司管理者的约束。

外部治理机制则一般包括审计师、证券分析师、政府相关部门、产品市场竞争、公司控制权市场、管理者声誉机制、金融与法律体系等。审计师作为独立的第三方，对企业的财务报表进行审查，以确保其真实、准确和完整。证券分析师作为资本市场的重要参与者，通过对上市公司的深入研究和分析，为投资者提供投资建议和风险提示。政府相关部门负责制定和执行与资本市场相关的法律法规，为资本市场的健康发展提供了法律保障，维护了市场的公平、公正和透明。产品市场竞争是公司治理结构中不可或缺的一环，对管理者行为具有重要影响。如若企业经营不善，市场份额下降，管理者的声誉和职业发展将受到影响。这种潜在的威胁促使管理者在决策时更加谨慎，避免发生损害企业利益的行为，不断提高企业竞争力。公司控制权市场通过收购兼并、代理权争夺、直接购买股票等方式实现控制权交易和转移的方式，引入更具竞争力的管理团队，制约管理者的不当行为、提高公司治理水平、优化公司资源配置、提高企业经营效率和盈利能力、保护投资者的合法权益。在人才市场上，声誉良好的管理者更容易获得高薪职位和更好的职业发展机会。声誉机制通过社会舆论和道德规范的约束，促使管理者在行使权力时更加谨慎和负责，避免出现损害组织利益和自身声誉的行为。

内部治理结构属于微观企业层面的制度安排，各个公司不同的内部治理机制仅对其自身的治理水平产生影响，而外部治理机制则会对市场整体的治理水平产生重要影响。无论是内部治理结构，还是外部治理机制，均能够作用于企业委托代理冲突和信息不对称程度，从而对企业劳动投资效率产生重要影响。因此，在后续章节中，本研究将全面考察企业各项内部治理结构和外部治理机制对企业劳动投资效率的影响。

第 3 章　多个大股东与企业劳动投资效率

3.1　引言

股权结构是现代公司治理体系的逻辑起点。以往研究大多聚焦于分散型股权结构与集中型股权结构的形成动因及经济后果。然而，越来越多的研究发现，除了分散型股权结构和集中型股权结构之外，多个大股东的股权结构也在世界范围内普遍存在。根据相关研究统计，1996 至 1999 年，大约有 33％的欧洲企业至少存在两个持股比例大于 10％的大股东（Laeven & Levine，2008）。即使在持股比例相对比较分散的美国，2001 年也有 70％的公司存在至少两个持股比例大于 5％的大股东（Dlugosz 等，2006）。对中国上市企业而言，根据本章后续的研究统计，2009 至 2022 年，大约有 24.3％的上市企业至少存在两个持股比例大于 10％的大股东。

现有文献对多个大股东所产生的公司治理效应进行了大量探索和研究。结果表明，多个大股东之间的行为模式具有不确定性，他们既可能相互监督，也可能合谋串通抑或相互争斗，因而其产生的公司治理效应也具有不确定性，存在一定争议。具体而言，当企业存在多个大股东时，控股股东之外的其他大股东凭借较高的持股比例通常具有更强的动机和能力来对控股股东及管理者实施监督与制衡。这有助于弱化两类委托代理冲突（Chen 等，2019）、缓解企业融资约束（姜付秀等，2017）、降低股价崩盘风险（姜付秀等，2018）、抑制企业避税（Ouyang 等，2020）及高管机会主义减持（罗宏、黄婉，2020）。当然，多个大股东之间也可能合谋串通，对控股企业实施"掏空",从而侵害到广大中小股东的利益,加剧第二类委托代理冲突。这主要表现为减少股利支付(Faccio 等,2001)、降低资本投资效率(吕怀立、李婉丽,2015)等。此外,多个大股东之间还可能相互争斗,发生冲突与摩擦,从而弱化其对管理者的监督约束,加剧第一类委托代理冲突,使得管理者具有更大空间从事机会主义行为,如获取超额薪酬(Fang 等,2018;赵国宇,2019)、增加企业成本黏性(栾甫贵等,2022)等。

从上述文献中可以发现,虽然多个大股东会对企业经营管理行为产生重要影响,但是考察多个大股东是否及如何影响企业劳动投资效率的相关研究尚较缺乏。理论上,大股东依托较高的持股比例通常具备更强的动机和能力来参与并影响企业经营管理决策。他们既可能通过相互监督与制衡来弱化两类委托代理冲突进而提升企业劳动投资效率,也可能通过合谋或者争斗与冲突来恶化两类委托代理冲突进而降低企业劳动投资效率。因此,多个大股东影响企业劳动投资效率的方式具有不确定性,还需要研究者通过更深入的分析与验证加以明确。基于此,本章利用我国上市企业的相关数据,从股权结构配置视角出发,对多个大股东影响企业劳动投资效率的效应及机制进行深入研究。

3.2 理论分析与研究假说

已有文献表明,企业内部普遍存在的两类委托代理冲突会导致自身劳动投资规模偏离最优水平(Jung 等,2014;Khedmati 等,2020;Gu 等,2020)。股权结构作为现代公司治理体系的逻辑起点,多个大股东如何影响企业劳动投资效率取决于其他大股东究竟是对控股股东和管理者进行监督约束,还是合谋串通或是冲突摩擦,从而缓解或是加剧两类委托代理冲突。结合已有文献,本章分别从多个大股东可能产生的监督效应、合谋效应、冲突效应来剖析其对企业劳动投资效率的影响。

第一,监督效应。当企业存在多个大股东时,其他大股东对控股股东和管理者发挥监督效应的可能性更高(姜付秀等,2018;罗宏、黄婉,2020)。

从动机上来看，由于控股股东的持股比例相对较高，其"掏空"行为及管理者的私利行为会给其他大股东带来较大损失，出于维护自身利益的考虑，其他大股东积极监督控股股东与管理者机会主义行为的动机会更强。从能力上来看，其他大股东也能够采取更多有效的方式从事监督活动，不仅可以"用手投票"，通过在股东大会、董事会发表意见或者向公司委派董事和高管，从而有效地参与公司治理；还可以"用脚投票"，通过卖出公司股票发挥监督效应。其他大股东的抛售行为通常被外部投资者视为负面信号，会严重冲击公司股票的市场价格，从而有损控股股东和管理者的利益。因此，其他大股东的退出或者是仅仅受此威胁，就能够有效约束控股股东与管理者的机会主义行为，从而提升企业治理效率（陈克兢，2019）。已有大多数的实证研究也支持了其他大股东的监督效应，多个大股东并存能够有效缓解企业融资约束（姜付秀等，2017）、降低股价崩盘风险（姜付秀等，2018）、抑制企业避税（Ouyang 等，2020）和高管机会主义减持（罗宏、黄婉，2020）。综上所述，多个大股东发挥监督效应时能够有效缓解企业内部的两类委托代理冲突，从而优化企业各项经营管理决策，确保企业劳动投资行为的科学合理，提升企业劳动投资效率。

第二，合谋效应。其他大股东并非总是对控股股东和管理者进行监督约束。当合谋收益大于合谋成本时，其他大股东也可能会与控股股东和管理者串通起来共同侵占中小股东的利益（Kahn & Winton，1998）。这会大幅降低企业治理效率，进一步激化大股东与中小股东之间的委托代理冲突。现有文献表明，当大股东之间的合谋效应占据主导地位时，为了更为便利地从企业当中转移财富、谋取控制权私利，企业通常会留存更多现金、降低股利发放比例（Faccio 等，2001）。吕怀立和李婉丽（2015）发现，家族企业当中的多个大股东相互合谋会造成投资过度和投资不足等非效率现象。Gu 等（2022）的研究也发现，控股股东的"掏空"行为会显著降低企业劳动投资效率。因此，多个大股东相互合谋会使得大股东与中小股东之间的委托代理冲突进一步恶化，从而有损企业劳动投资效率的提升。

第三，冲突效应。战略目标、利益导向等方面的差异也可能导致多个大股东相互冲突和摩擦，从而削弱大股东对管理者的监督意愿与能力，使得管理者的私利行为有机可乘，恶化股东与管理者之间的代理冲突。一方面，多个大股东相互冲突与摩擦会使其形成统一意见的难度提高，即便能够通过协商、谈判等方式实现对管理者的共同监督，也会显著提升监督成本，从而削弱大股东对管理者的监督意愿。另一方面，多个大股东相互冲突和摩擦还会使得任一大股东在行使权力时都可能受到其他大股东的牵制。这会显著妨碍大股东及时警示或惩戒不合格的管理者，从而削弱大股东的监督能力，尤其是当管理者蓄意利用大股东之间的矛盾冲突，与部分大股东进行联盟旨在侵占另一部分大股东利益时更是如此（赵国宇，2019）。相关经验证据也表明，管理者会利用多个大股东之间的矛盾冲突来获取超额薪酬（Fang等，2018；赵国宇，2019）、增加企业成本黏性（栾甫贵，2022）。因此，多个大股东之间的冲突与摩擦会弱化其对管理者的监督效率，使管理者具有更大空间和能力来从事非效率劳动投资，从而降低了企业劳动投资效率。

根据上述分析，多个大股东既可能提升，也可能降低企业劳动投资效率。在监督效应下，多个大股东会提升企业劳动投资效率；而在合谋或冲突效应下，多个大股东会降低企业劳动投资效率。为此，提出如下对立的研究假说。

H3－1：在监督效应下，多个大股东能显著提升企业劳动投资效率。

H3－2：在合谋或冲突效应下，多个大股东会显著降低企业劳动投资效率。

3.3 研究设计

3.3.1 样本选择与数据来源

本章以2009至2022年沪深A股非金融保险行业上市企业为初选样本，并参考姜付秀等（2018）、杨刚和喻彪（2023）的做法，依次进行了如下样本筛选程序：首先，剔除ST、*ST及PT等非正常交易的样本；其次，剔除员工人数小于 30 的样本；再次，剔除大股东数量为 0 的样本；最后，剔除相关变量数据缺失的样本。经过上述筛选程序，最终得到 25666 个样本观测值。研究数据主要来自国泰安数据库、中国研究数据服务平台和中国分省份市场化指数数据库。为了保证研究结论稳健可靠，笔者不仅对各连续变量在 1% 与 99% 分位数上进行了缩尾处理，还将回归标准误在企业层面进行了聚类调整。

3.3.2 主要变量定义

(1) 被解释变量：企业劳动投资效率（LIE）

参考 Jung 等（2014）的做法，笔者首先使用模型（3-1）的回归拟合值来测度企业劳动投资规模的最优值，然后用劳动投资规模的实际值减去最优值之后的差额取绝对值来测度企业劳动投资效率（LIE）。LIE 的取值越大，意味着企业劳动投资规模实际值偏离最优值的程度越高，企业劳动投资效率越低。进一步地，笔者还将两者之间大于 0 和小于 0 的差值分别取绝对值，并各自定义为劳动投资过度（OverLI）和劳动投资不足（UnderLI）进行检验。

$$\begin{aligned}
\text{Net\_Hire}_{it} = & \alpha_0 + \alpha_1 \text{Growth}_{it} + \alpha_2 \text{Growth}_{it-1} + \alpha_3 \text{ROA}_{it} + \alpha_4 \Delta\text{ROA}_{it} \\
& + \alpha_5 \Delta\text{ROA}_{it-1} + \alpha_6 \text{Return}_{it} + \alpha_7 \text{Size}_{it-1} + \alpha_8 \text{Quick}_{it-1} \\
& + \alpha_9 \Delta\text{Quick}_{it} + \alpha_{10} \Delta\text{Quick}_{it-1} + \alpha_{11} \text{Lev}_{it-1} + \alpha_{12} \text{Lossbin1}_{it-1} \\
& + \alpha_{13} \text{Lossbin2}_{it-1} + \alpha_{14} \text{Lossbin3}_{it-1} + \alpha_{15} \text{Lossbin4}_{it-1} \\
& + \alpha_{16} \text{Lossbin5}_{it-1} + \text{Year} + \text{Industry} + \varepsilon_{it}
\end{aligned} \quad (3-1)$$

在模型（3-1）中，Net_Hire 为企业劳动投资规模，等于员工人数与个股总市值比值的增长率；Growth 为营业收入增长率；ROA、ΔROA 分别为总资产净利率及其变化值；Return 为考虑现金红利再投资的个股年度收益率；Size 为年个股总市值的自然对数；Quick、ΔQuick 分别表示速动比率及其变化值；Lev 为资产负债率；Lossbin1—Lossbin5 为表示企业亏损程度的虚拟变量，依据 ROA 取值大小进行界定。具体而言，当 $-0.005 \leqslant \text{ROA} \leqslant 0$ 时，Lossbin1 取 1，否则取 0；当 $-0.010 \leqslant \text{ROA} < -0.005$ 时，Lossbin2 取

1，否则取 0；Lossbin3、Lossbin4、Lossbin5 的取值方式以此类推；为了控制样本在时间层面可能受到的共同冲击及不同行业特征的影响，模型（3－1）还控制了年份固定效应（Year）与行业固定效应（Industry）。

（2）解释变量：多个大股东（Multi）

借鉴姜付秀等（2018）、罗宏和黄婉（2020）的做法，笔者将持股比例大于 10% 的股东认定为大股东。若公司当年除控股股东之外还存在至少一个大股东，则将 Multi 赋值为 1，否则赋值为 0。需要说明的是，在计算股东持股比例时，将股东一致行动人的持股比例也合并计算在内。

（3）控制变量

参考 Jung 等（2014）的做法，笔者在回归时考虑了一系列可能影响企业劳动投资效率的其他相关因素，具体包括：市值账面比（MB）、企业规模（Size）、速动比率（Quick）、资产负债率（Lev）、固定资产比重（PPE）、是否亏损（Loss）、是否股利支付（Div）、机构投资者持股比例（InsHold）、劳动密集度（Labor）、现金流量波动性（STD_CFO）、营业收入波动性（STD_Sales）、劳动投资波动性（STD_Net_Hire）、会计信息质量（AbsACC）、资本投资效率（InvEff）。同时，笔者控制了年度（Year）与行业（Industry）固定效应。

各变量的定义及计算方式见表 3－1。

表 3－1　　　　　　　　变量定义表

变量类型	变量名称	变量符号	变量计算方式
被解释变量	劳动投资效率	LIE	模型（3－1）残差的绝对值
解释变量	多个大股东	Multi	当企业存在两个及以上持股不低于 10% 的大股东时，Multi 取值为 1，否则取 0

续表

变量类型	变量名称	变量符号	变量计算方式
控制变量	市值账面比	MB	权益市值/账面价值
	企业规模	Size	年个股总市值的自然对数
	速动比率	Quick	速动资产/流动负债
	资产负债率	Lev	负债总额/资产总额
	固定资产比重	PPE	固定资产净值/资产总额
	是否亏损	Loss	亏损取1，否则取0
	是否支付股利	Div	支付股利取1，否则取0
	机构投资者持股比例	InsHold	机构投资者持股数/总股数
	劳动密集度	Labor	员工人数/总资产（乘以10^5）
	现金流量波动性	STD_CFO	近5年经营净现金流量的标准差（除以10^{10}）
	营业收入波动性	STD_Sales	近5年营业收入的标准差（除以10^{10}）
	劳动投资波动性	STD_Net_Hire	近5年企业劳动投资的标准差
	会计信息质量	AbsACC	基于修正琼斯模型的操控性应计利润取绝对值
	资本投资效率	InvEff	根据Richardson（2006）计算的资本投资效率

3.3.3 模型设定与说明

参考Jung等（2014）的研究，笔者建立了回归模型（3-2）以检验前述研究假说。

$$LIE_{it} = \beta_0 + \beta_1 Multi_{it} + \lambda Controls_{it} + Year + Industry + \mu_{it} \quad (3-2)$$

在模型（3-2）中，LIE为企业劳动投资效率；Multi为是否存在多个大股东的虚拟变量；Controls为表3-1中的各控制变量，Year和Industry分别为年份与行业固定效应，μ为残差项。Multi的系数β_1反映了多个大股东对企业劳动投资效率的影响，若H3-1成立，则预期β_1显著为负；若H3-

2 成立，则预期 β_1 显著为正。

3.3.4 描述性统计

表 3-2 列示了主要变量的描述性统计结果。LIE 的平均值为 0.236，说明非效率劳动投资在企业当中普遍存在，需要加以重视；LIE 的最大值为 8.861，最小值为 0.001，两者之间差异较大，说明劳动投资效率的企业异质性也较为明显。从劳动投资过度（OverLI）和劳动投资不足（UnderLI）来看，两者的样本量占比分别约为 36% 和 64%，OverLI 的平均值为 0.318，UnderLI 的平均值为 0.190，表明劳动投资不足在企业当中更为普遍，而劳动投资过度更为严重。Multi 的平均值为 0.243，说明大约有 24.3% 的样本企业存在多个大股东股权结构，这与姜付秀等（2017）的统计结果大体相当（其平均值为 24.7%）。其余各控制变量的统计结果均在合理范围之内。

表 3-2　　　　　　　　　描述性统计

变量	样本量	平均值	标准差	最小值	中位数	最大值
LIE	25666	0.236	0.390	0.001	0.149	8.861
OverLI	9355	0.318	0.620	0.001	0.148	9.036
UnderLI	16311	0.190	0.165	0.002	0.149	1.226
Multi	25666	0.243	0.429	0.000	0.000	1.000
MB	25666	2.031	1.396	0.783	1.591	15.400
Size	25666	22.689	0.981	20.634	22.538	26.355
Quick	25666	1.447	1.410	0.122	1.026	10.735
Lev	25666	0.474	0.202	0.064	0.475	0.952
PPE	25666	0.223	0.169	0.001	0.187	0.772
Loss	25666	0.147	0.354	0.000	0.000	1.000
Div	25666	0.646	0.478	0.000	1.000	1.000
InsHold	25666	0.463	0.224	0.003	0.477	0.918
Labor	25666	0.064	0.058	0.002	0.049	0.458

续表

变量	样本量	平均值	标准差	最小值	中位数	最大值
STD_CFO	25666	0.060	0.135	0.001	0.018	1.236
STD_Sales	25666	0.220	0.561	0.002	0.052	5.304
STD_Net_Hire	25666	0.767	1.481	0.117	0.501	25.712
AbsACC	25666	0.058	0.060	0.000	0.040	0.402
InvEff	25666	0.026	0.028	0.000	0.017	0.206

3.4 实证结果分析

3.4.1 基准回归分析

表3－3列示了多个大股东影响企业劳动投资效率的回归结果。第（1）列和第（2）列中Multi的回归系数分别为0.011和0.010，均达到5%的显著性水平，表明无论是否考虑控制变量的影响，多个大股东均会显著降低企业劳动投资效率。从经济意义上看，基于第（2）列中Multi的回归系数及表3－2中描述性统计结果计算可知，与只存在单一大股东的企业相比较，存在多个大股东的企业劳动投资效率要低1.0%，约为样本均值的4.2%。这具有一定的经济意义。笔者进一步分别以OverLI和UnderLI为被解释变量进行回归，第（3）列中Multi的回归系数未通过显著性检验，第（4）列中Multi的回归系数在1%的水平上显著为正，表明多个大股东降低企业劳动投资效率主要体现为加剧劳动投资不足，而非恶化劳动投资过度。综合上述分析可知，前文研究假说H3－2得到支持。

表3－3　基准回归分析

变量	(1) LIE	(2) LIE	(3) OverLI	(4) UnderLI
Multi	0.011**	0.010**	0.005	0.009***
	(2.154)	(2.025)	(0.440)	(2.916)

续表

变量	(1) LIE	(2) LIE	(3) OverLI	(4) UnderLI
MB		0.005***	0.009**	0.002
		(2.920)	(2.513)	(1.426)
Size		0.025***	0.037***	0.025***
		(8.195)	(4.816)	(13.406)
Quick		0.001	−0.000	0.001
		(0.650)	(−0.109)	(0.626)
Lev		0.015	0.032	−0.040***
		(0.894)	(0.838)	(−4.002)
PPE		−0.089***	−0.139***	−0.039***
		(−5.867)	(−3.819)	(−4.025)
Loss		−0.004	−0.009	0.010**
		(−0.477)	(−0.498)	(2.265)
Div		−0.043***	−0.057***	−0.028***
		(−6.251)	(−3.745)	(−8.037)
InsHold		0.005	−0.008	0.022***
		(0.422)	(−0.303)	(3.375)
Labor		−0.092*	0.086	−0.313***
		(−1.789)	(0.646)	(−12.719)
STD_CFO		−0.122***	−0.166***	−0.090***
		(−5.074)	(−2.688)	(−6.078)
STD_Sales		0.012**	0.000	0.012***
		(2.075)	(0.011)	(3.205)
STD_Net_Hire		0.064***	0.181***	0.006***
		(9.034)	(8.177)	(5.822)
AbsACC		0.410***	0.428***	0.332***
		(8.692)	(3.976)	(11.334)

续表

变量	(1) LIE	(2) LIE	(3) OverLI	(4) UnderLI
InvEff		0.793***	0.923***	0.412***
		(8.459)	(4.547)	(7.184)
_cons	0.228***	−0.430***	−0.790***	−0.337***
	(11.262)	(−6.328)	(−4.809)	(−7.736)
Year	控制	控制	控制	控制
Industry	控制	控制	控制	控制
N	25666	25666	9355	16311
adj. R^2	0.068	0.142	0.289	0.228

注：***、**、*分别表示在1%、5%、10%的水平下显著，括号内为t值。后续表格中均与此相同。

3.4.2 内生性处理

（1）控制个体固定效应

企业层面存在某些不随时间改变的影响劳动投资效率的因素，并且这些因素通常难以观察和测度，因此在回归分析时可能有所遗漏。为此，在模型（3−2）中，笔者进一步控制企业个体固定效应（Firm）进行回归。结果见表3−4第（1）列，Multi的回归系数为0.018，达到5%的显著性水平，表明多个大股东会降低企业劳动投资效率。

（2）倾向得分匹配法

存在多个大股东的企业与仅存在单一大股东的企业之间可能在财务及治理特征方面具有系统性偏差，进而引发样本自选择问题。倾向得分匹配法能在一定程度上缓解样本自选择问题产生的不利影响。具体来说，笔者将存在多个大股东的企业（Multi＝1）认定为处理组，不存在多个大股东的企业（Multi＝0）认定为对照组。同时，笔者以模型（3−2）中的控制变量作为协变量对两组样本进行1∶1最邻近匹配。未列示的平衡性检验结果显示，匹配后，两组样本之间的系统性偏差不再明显，获得了较好的匹配效果。表3－4第（2）列是使用匹配后样本进行重新回归的结果，Multi的回归系数为0.016且达到5％的显著性水平，表明在考虑样本自选择问题的影响后，多个大股东仍然会降低企业劳动投资效率，基准回归分析结论未发生变化。

（3）Heckman两阶段法

多个大股东股权结构的形成可能并非随机的，委托代理冲突较为严重、劳动投资效率较为低下的企业可能更容易形成多个大股东股权结构，从而产生了样本选择偏差问题。为此，笔者采用Heckman两阶段法来缓解样本选择偏差可能产生的不良影响。第一阶段进行Probit回归时，笔者首先以Multi为被解释变量，在考虑模型（3－2）中控制变量的基础上，参考栾甫贵等（2022）的做法，进一步纳入年度股票换手率这一外生排他性变量；然后将根据Probit回归结果计算得出的逆米尔斯比率（IMR）代入模型（3－2）中进行第二阶段回归，在表3－4第（3）列的回归结果中，IMR的回归系数在1％水平上显著，Multi的回归系数在5％水平上显著为正。这表明样本虽然存在选择偏差，但是在考虑该问题的影响后，多个大股东会降低企业劳动投资效率的结论仍然成立。

表3－4　　　　　　　　　　内生性处理

变量	(1)	(2)	(3)
	LIE	LIE	LIE
Multi	0.018**	0.016**	0.010**
	(2.138)	(2.440)	(2.113)
Controls	控制	控制	控制
IMR			0.308***
			(5.640)
_cons	－0.746***	－0.541***	－0.780***
	(－3.935)	(－5.202)	(－8.510)
Year	控制	控制	控制
Industry	控制	控制	控制

续表

变量	(1)	(2)	(3)
	LIE	LIE	LIE
Firm	控制	未控制	未控制
N	25666	9665	25666
adj. R²	0.111	0.143	0.143

3.4.3 稳健性检验

(1) 替换多个大股东衡量指标

根据《中华人民共和国证券法》《上市公司收购管理办法》的相关规定，持股比例在5%以上的股东对上市公司而言也属于重要股东。因此，参考罗宏和黄婉（2020）的做法，笔者进一步以5%的持股比例为界定大股东的标准，重新计算了多个大股东指标（Multi5），并将其作为解释变量重新进行回归分析。表3-5第（1）列中Multi5的回归系数为0.019，在1%的水平上显著，表明在替换多个大股东衡量指标之后，基准回归结果依然成立。

(2) 替换劳动投资效率衡量指标

为了避免劳动投资效率度量方式对基准回归结果的影响，参考Jung等（2014）、孔东民等（2017）的做法，笔者以企业劳动投资规模（Net_Hire）的年度行业中位数为最优投资规模标准，将企业实际劳动投资规模与该中位数的差额取绝对值作为劳动投资效率新的衡量指标（LIE2），LIE2取值越小，企业劳动投资效率越高。笔者将重新界定的劳动投资效率指标（LIE2）作为被解释变量再次进行回归，结果见表3-5第（2）列，Multi的回归系数为0.011，在5%的水平上显著，表明在替换劳动投资效率衡量指标之后，基准回归结果依然成立。

(3) 剔除第一大股东持股比例超过50%的样本

当第一大股东的持股比例超过50%时，其他大股东的权力行使可能受到进一步限制。为此，参考姜付秀等（2018）的做法，笔者将此类样本进行剔除后再次回归，表3-5第（3）列的结果显示，Multi的回归系数在1%的水平上显著为正，基准回归分析结论依然成立。

(4) 剔除特殊事件的影响

为了剥离外部特殊事件的影响，笔者进一步剔除了 2020 年之后的样本，并再次进行回归。表 3-5 第（4）列的回归结果显示，Multi 的回归系数仍然在 5% 的水平上显著为正，表明外部特殊事件冲击不会影响多个大股东与企业劳动投资效率之间的关系。

表 3-5　　　　　　　　　　稳健性检验

变量	(1) LIE	(2) LIE2	(3) LIE	(4) LIE
Multi5	0.019*** (4.380)			
Multi		0.011** (1.991)	0.043*** (2.700)	0.011** (1.980)
Controls	控制	控制	控制	控制
_cons	-0.429*** (-6.314)	-0.797*** (-10.764)	-0.326** (-2.319)	-0.536*** (-6.172)
Year	控制	控制	控制	控制
Industry	控制	控制	控制	控制
N	25666	25666	6380	20692
adj. R^2	0.143	0.112	0.143	0.134

3.5　作用机制检验

前述结果表明多个大股东会降低企业劳动投资效率，这与多个大股东的冲突效应和合谋效应相符合。那么究竟哪种效应能够解释该现象产生的原因呢？在冲突效应下，多个大股东相互斗争会弱化其对管理者的监督制约，导致第一类委托代理冲突更为凸显，不利于企业劳动投资效率的提升。在合谋效应下，多个大股东相互串通合谋，会增加其对中小股东利益的侵占，致使

第3章 多个大股东与企业劳动投资效率

第二类委托代理冲突进一步恶化,有损于企业劳动投资效率的改善。为了有效识别多个大股东降低企业劳动投资效率的作用机制,笔者借鉴中介效应逐步分析法,在模型(3-2)的基础上,进一步建立模型(3-3)和模型(3-4)进行检验。

$$M_{it} = \delta_0 + \delta_1 \text{Multi}_{it} + \lambda \text{Controls}_{it} + \text{Year} + \text{Industry} + \mu_{it} \quad (3-3)$$

$$\text{LIE}_{it} = \varphi_0 + \varphi_1 \text{Multi}_{it} + \varphi M_{it} + \lambda \text{Controls}_{it} + \text{Year} + \text{Industry} + \mu_{it} \quad (3-4)$$

在模型(3-3)和(3-4)中,M为中介变量,包括第一类委托代理冲突(AC1)和第二类委托代理冲突(AC2)两个指标。具体而言,参考申丹琳和江轩宇(2022)的做法,笔者使用管理费用与营业收入的比值,即管理费用率来衡量第一类委托代理冲突(AC1)。管理费用率越高,第一类委托代理冲突越严重。参考史永东(2021)的做法,笔者使用关联交易金额与资产总额的比值来衡量第二类委托代理冲突(AC2)。关联交易金额与资产总额的比值越大,第二类委托代理冲突越严重。需要说明的是,关联交易金额为剔除了合作项目、许可协议、研究与开发、关键管理人员报酬及其他事项5类可能并非以获取私利为目的的项目金额。其余变量与模型(3-2)中保持一致。

表3-6展示了作用机制检验的回归结果。第(1)列中Multi的回归系数在5%的水平上显著为正,表明多个大股东会加剧第一类委托代理冲突;第(2)列中AC1的回归系数在1%的水平上显著为正,同时Multi的回归系数在10%的水平上显著为正,表明多个大股东会加剧第一类委托代理冲突,从而降低企业劳动投资效率,支持了冲突效应。同时,虽然第(4)列中AC2和Multi的回归系数均显著为正,但是第(3)列中Multi的回归系数未能通过显著性检验,表明多个大股东并未对第二类委托代理冲突产生显著的抑制或加剧效应,第二类委托代理冲突的中介效应不成立,合谋效应没有得到支持。

为了确保上述结论稳健可靠,笔者还进行了Sobel检验和Bootstrap检验。Sobel检验Z统计量的取值分别为2.508和-1.147,前者在5%的水平上显著,后者未通过显著性检验。1000次的Bootstrap检验也显示,AC1的间接效应显著,95% 的置信区间为 [0.0001657, 0.0009304],不包含 0 值;AC2 的间接效应则不显著,95% 的置信区间为 [-0.0005203, 0.0000571],包含 0 值。这些结果与逐步分析法的结论保持一致。

综上所述,冲突效应解释了多个大股东降低企业劳动投资效率的原因。多个大股东之间相互冲突与摩擦会加剧第一类委托代理冲突,使得管理者具备更大空间和能力从事非效率劳动投资,从而降低了企业劳动投资效率。

表 3-6   作用机制检验

变量	(1) AC1	(2) LIE	(3) AC2	(4) LIE
Multi	0.004** (2.419)	0.009* (1.931)	-0.000 (-0.761)	0.010** (2.062)
AC1		0.107*** (3.162)		
AC2				0.315*** (2.790)
Controls	控制	控制	控制	控制
_cons	0.325*** (11.318)	-0.465*** (-6.807)	0.070*** (7.139)	-0.452*** (-6.597)
Year	控制	控制	控制	控制
Industry	控制	控制	控制	控制
N	25666	25666	25666	25666
adj. R^2	0.295	0.142	0.146	0.143

3.6 异质性分析

前述实证研究结果表明,多个大股东之间的冲突与摩擦会弱化对管理者的监督约束,从而加剧第一类委托代理冲突,使得企业劳动投资效率有所降低。从这一逻辑来看,强化对管理者的监督与激励,从而缓解第一类委托代理冲突,是降低多个大股东对企业劳动投资效率不利影响的关键。基于此,本章进一步从企业内外部治理水平及企业所处制度环境进行异质性检验。

3.6.1 企业内外部治理水平的影响

(1) 管理者薪酬激励的影响

薪酬激励是企业当中最为重要的内部治理机制之一。对管理者进行有效的薪酬激励可以协调管理者与股东之间的利益矛盾，有效缓解第一类委托代理冲突，从而显著提升企业劳动投资效率（袁知柱等，2023）。因此，较高水平的薪酬激励可能弱化多个大股东对企业劳动投资效率负面影响。为了对此进行检验，笔者按照管理者薪酬总额的年度行业中位数将样本企业划分为管理者薪酬激励水平较高（MSalary_D=1）和管理者薪酬激励水平较低（MSalary_D=0）两组分别进行回归。表3-7第（1）列和第（2）列的结果显示，在管理者薪酬激励水平较高的组别中，Multi的回归系数不显著；而在管理者薪酬激励水平较低的组别中，Multi的回归系数为0.016，在5%的水平上显著。这表明高水平的薪酬激励可以限制因多个大股东相互斗争而诱发的管理者非效率劳动投资。

(2) 外部审计监督质量的影响

审计监督是企业当中最为重要的外部治理机制之一。高质量的外部审计监督能够有效抑制内部人的私利行为，从而降低两类委托代理冲突（杨德明等，2009），对企业劳动投资效率产生积极影响。因此，高质量的外部审计监督能够弱化多个大股东对企业劳动投资效率的负面影响。大规模会计师事务所在声誉激励及避免"准租金"损失的动机驱使下，在执业过程中会表现出更强的专业胜任能力和更高的独立性，从而具备更强能力与意愿来提供高质量的审计监督服务。因此，国际"四大"会计师事务所审计可被作为审计监督质量的度量指标（赵艳秉、张龙平，2017）。当企业由国际"四大"会计师事务所审计时，表示外部审计监督质量较高，此时Big4取值为1；反之，当企业由非"四大"会计师事务所审计时，则表示外部审计监督质量较低，Big4取值为0。对两组样本进行分组回归的结果见表3-7第（3）列和第（4）列，在外部审计监督质量较高的组别中，Multi的回归系数未通过显著性检验；而在外部审计监督质量较低的组别中，Multi 的系数为 0.012，仍然在 5% 的水平上显著。这表明高质量的外部审计监督能够有效发挥治理功能，弱化多个大股东对企业劳动投资效率的负面影响。

表 3—7   企业内外部治理水平的影响

变量	(1) MSalary_D=1 LIE	(2) MSalary_D=0 LIE	(3) Big4=1 LIE	(4) Big4=0 LIE
Multi	0.006 (0.970)	0.016** (2.387)	−0.024 (−1.599)	0.012** (2.444)
Controls	控制	控制	控制	控制
_cons	−0.420*** (−4.097)	−0.707*** (−5.912)	−0.535*** (−2.937)	−0.450*** (−6.223)
Year	控制	控制	控制	控制
Industry	控制	控制	控制	控制
N	12757	12882	1697	23968
adj. R²	0.121	0.172	0.107	0.146

3.6.2 企业所处制度环境的影响

(1) 市场化程度的影响

市场化程度作为企业所处的一种外部正式制度环境，会对管理者行为决策产生重要影响。在市场化程度较高的地区，完善的法治保护环境、严格的信息披露要求，能够有效约束管理者的私利行为，从而使管理者进行非效率劳动投资的空间和余地更小，企业劳动投资效率会相对更高。而在市场化程度较低的地区，企业外部法治保护环境较差，投资者的利益无法得到充分有效的保护，管理者进行非效率劳动投资的成本会相对更低、动机也更强。因此，较高的市场化程度可能削弱多个大股东对企业劳动投资效率的负向影响。为了对此进行检验，笔者使用《中国分省份市场化指数报告（2021）》中的"市场化总指数"来衡量各省份的市场化程度（Market），并按其年度

第3章 多个大股东与企业劳动投资效率

中位数将样本企业所处地区划分为市场化程度较高（Market_D=1）和市场化程度较低（Market_D=0）两组分别进行回归，表3-8第（1）列和第（2）列的结果显示，在位于市场化程度较高地区的企业中，Multi的回归系数不显著；而在位于市场化程度较低地区的企业中，Multi的回归系数为0.029，在1%的水平上显著。这表明较高的市场化程度可以限制因多个大股东相互斗争而诱发的管理者非效率劳动投资。

（2）儒家文化的影响

儒家文化作为一种具有软约束力的非正式制度，不仅植根于中国人民的思想观念深处，也渗透在管理者经营决策的各个方面。儒家文化伦理规范所传达的"义利观"和"忠信"思想能够有效缓解由管理者自利动机所引发的委托代理问题，使得管理者在作出劳动投资决策时更多以股东利益最大化为出发点，从而减少企业非效率劳动投资现象。因此，较强的儒家文化氛围能够削弱多个大股东对企业劳动投资效率的负向影响。为了对此进行检验，参考淦未宇等（2020）的做法，笔者使用企业注册地所属省份现存的儒家书院数量来衡量企业受儒家文化影响的强度（Confu），并按其年度中位数将样本企业所处地区划分为受儒家文化影响较强（Confu_D=1）和受儒家文化影响较弱（Confu_D=0）两组分别进行回归。表3-8第（3）列和第（4）列的结果显示，在受儒家文化影响较强地区的企业中，Multi的回归系数未通过显著性检验；而在受儒家文化影响较弱地区的企业中，Multi的回归系数为0.015，在5%的水平上显著为正。这表明较强的儒家文化影响可以弱化因多个大股东相互斗争而诱发的管理者非效率劳动投资。

表3-8　　　　　　　　企业所处制度环境的影响

变量	(1) Market_D=1 LIE	(2) Market_D=0 LIE	(3) Confu_D=1 LIE	(4) Comfu_D=0 LIE
Multi	−0.002 (−0.187)	0.029*** (3.100)	0.003 (0.488)	0.015** (2.230)
Controls	控制	控制	控制	控制

续表

变量	(1) Market_D=1 LIE	(2) Market_D=0 LIE	(3) Confu_D=1 LIE	(4) Comfu_D=0 LIE
_cons	−0.358** (−2.237)	−0.755*** (−5.736)	−0.387*** (−4.084)	−0.419*** (−4.443)
Year	控制	控制	控制	控制
Industry	控制	控制	控制	控制
N	8626	8762	12086	13459
adj. R²	0.122	0.150	0.128	0.151

3.7 本章小结

股权结构配置是否合理直接关系到企业内部治理效率的高低，作用于企业经营管理决策的各方面。本章从股权结构配置视角出发，考察了多个大股东对企业劳动投资效率的影响效应及作用机制。笔者首先基于多个大股东可能产生的监督效应、合谋效应、冲突效应，全面剖析了其对企业劳动投资效率可能产生的影响，然后使用 2009—2022 年沪深 A 股非金融保险行业上市企业的相关数据对此进行了实证检验。研究结果表明：第一，多个大股东会显著降低企业劳动投资效率，主要表现为加剧劳动投资不足。第二，作用机制检验发现，冲突效应解释了多个大股东降低企业劳动投资效率的原因。多个大股东之间的相互冲突与摩擦会弱化其对管理者的监督制约，从而加剧第一类委托代理冲突，降低企业劳动投资效率。第三，异质性分析发现，多个大股东降低企业劳动投资效率与企业内外部治理水平及其所处制度环境密切相关。当企业管理者薪酬激励水平及外部审计监督质量较高、所处省份市场化程度较高、受儒家文化影响较深时，多个大股东对企业劳动投资效率的不利影响有所弱化。

本章的边际贡献主要体现在以下几个方面：第一，在对企业非效率劳动投资行为的治理机制研究中，现有文献缺乏对股权结构特征的关注。本章从多个大股东的角度出发，提供了考察企业劳动投资效率影响因素的新视角。第二，结合多个大股东的监督效应、合谋效应、冲突效应，本章全方位剖析了多个大股东对劳动投资效率的潜在影响，不仅拓展了多个大股东公司治理效应的研究视野，也厘清了多个大股东影响企业劳动投资效率的理论"黑箱"。第三，从实践上看，本章的研究结论有助于企业利益相关者全面认知多个大股东股权结构安排的利弊，对企业防范多个大股东带来的潜在负面影响及提升企业治理效率具有重要启示。

第4章　女性董事与企业劳动投资效率

4.1　引言

董事会是企业内部治理结构的核心，是连接股东与管理者、大股东与中小股东的重要"桥梁"，是缓解两类委托代理冲突的关键机制。董事会由董事构成，不同背景特征的董事可以为公司提供不同的资源，为问题分析与决策制定提供不同视角，从而可以更好地发挥其监督与咨询职能。可以说，董事会成员的多样性、互补性对其职能的发挥具有重要影响。因此，在选拔和聘任董事时，需要考虑董事构成在专业、年龄、性别、文化、地区等方面的多样性（姜付秀等，2022）。近年来，随着女性社会地位的提升，越来越多的女性参与企业经营管理，成为企业董事会成员。南开大学中国公司治理研究院发布的《2023年中国上市公司女性董事专题报告》显示，2014—2023年，我国上市公司女性董事比例持续增长，从10.22%增长至17.91%。根据本章研究样本统计数据，如图4—1所示，2009—2021年，我国60%以上的上市企业中存在女性董事，而女性董事比例也从10.33%上升至了16.59%。

在此背景下，女性董事在公司治理中所产生的效应受到了学术界和实务界的广泛关注，但是相关研究并没有取得一致结论。部分研究认为，女性董事能够改善公司治理。女性董事在工作态度、道德规范、决策方式等方面天然地优于男性董事，这有助于降低委托代理冲突、抑制企业过度投资（祝继高等，2012）、提升企业环境与社会责任表现（Bernile等，2018；Ginglinger & Raskopf，2023；李井林、罗英祥，2024）、降低企业风险和融资成本

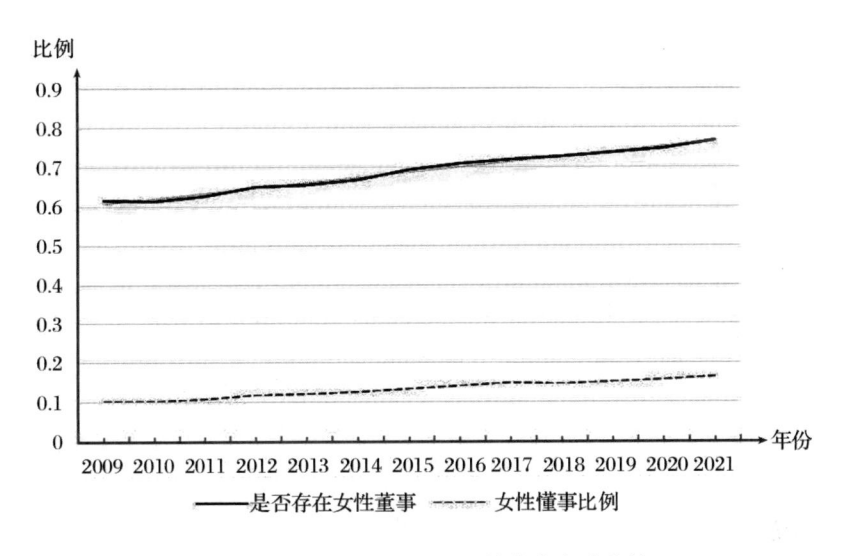

图 4—1 我国上市企业女性董事变动趋势

（Karaviti 等，2021）、促进企业绿色技术创新（姜富伟等，2024），对企业绩效具有显著的正向作用（Campbell 等，2008；张娜，2013）。也有研究认为，女性董事的影响并非总是积极的。女性往往更加被动、服从，过于保守稳健，在一定的文化背景与社会环境下，这些性别特征可能使得女性董事沦为"橡皮图章"，无益于改善公司治理（金智等，2015），从而对企业投资效率、经营绩效等产生不利影响（金智等，2015；Adams & Ferreira，2009；况学文等，2012；周泽将、修宗峰，2013）。

从上述文献中可以发现，董事会作为公司中最为重要的决策和管理机构，吸纳女性进入已经成为大势所趋，但就其所产生的公司治理效应却仍存在一定争议。针对企业劳动投资，现有文献也较少聚焦女性董事与劳动投资效率之间的关系进行系统探讨和分析。理论上，女性在工作态度、道德规范、决策方式等方面的性别特质有利于董事会更好地发挥监督和咨询职能，进而提升企业劳动投资效率。但是，女性更加被动、服从，过于保守稳健的性别特征也有可能使得其沦为董事会中的"橡皮图章"，无助于改善公司治理，从而对企业劳动投资效率产生不利影响。因此，女性董事究竟如何影响企业劳动投资效率具有不确定性，还需要通过实证分析来加以明确。有鉴于此，本章利用我国上市企业的相关数据，从董事会性别构成视角出发，对女性董事究竟如何影响企业劳动投资效率进行了深入研究。

4.2 理论分析与研究假说

社会学和心理学等方面的相关研究表明，性别特征差异会使得女性董事表现出与男性董事迥异的行为特征。这些行为特征既有可能优化董事会治理效能，从而有助于提升企业劳动投资效率；也有可能降低董事会治理效能，不利于企业劳动投资效率的提升。

女性董事可能对企业劳动投资效率产生积极影响。一方面，女性通常更加勤勉、具有更高的道德水平，女性董事的加入有助于董事会更好地发挥监督职能。具体来说，女性董事通常比男性董事更加勤勉负责，她们往往比男性董事的出勤率更高、独立性更强，能够更好地对管理者行使监督职能，从而有效抑制其非效率劳动投资。此外，女性通常也比男性更加遵守道德规范，更难容忍机会主义行为。男性为了获取个人私利更可能牺牲公司长远利益而从事不道德行为；而女性的自利行为要少于男性，且在态度和行为层面都更加注重伦理道德。已有研究表明，女性董事能够显著降低企业的寻租费用（范红忠等，2019），抑制因首席执行官过度自信而产生的违规行为（王浙勤等，2018）。如前所述，劳动投资过度或不足等非效率投资行为往往与管理者不道德的利益侵占密切相关，而这与女性所恪守的道德规范相违背。因此，女性董事更可能阻止管理者的非效率劳动投资行为。另一方面，女性董事的加入也有助于董事会更好地发挥咨询职能。性别多元化的董事会将会使公司获得来自女性董事的独特资源与专业知识。这样的董事会有着更高的处理复杂问题的能力，在面对日趋不确定性的经营环境时，能够做出质量更高的劳动投资决策建议。此外，女性董事的决策风格更多基于信任与合作，更强调和员工之间的信息交流沟通，因而能够获取更多的决策相关信息，有利于董事会决策咨询职能的发挥（Gul 等，2011），从而优化管理者劳动投资决策，提升企业劳动投资效率。

女性董事也可能对企业劳动投资效率带来负面影响。第一，女性天然的稳健或规避风险的风格，使得女性董事在面对不确定性时更可能选择规避的立场或者犹豫不决，从而不能对企业劳动投资规模审时度势地做出及时调整，导致企业劳动投资效率低下（秦璇等，2020）。第二，相对于男性董事，女性董事的"公共型"特征使得她们天生就富有同情心，更加乐于助人和关怀他人（周楷等，2016），这能够有效促进企业社会责任履行（梁强等，2022）。促进就业、保护劳动者权益是企业承担社会责任的重要体现，但是如果企业出于社会效应来决定员工雇佣规模，而忽视了自身生产经营的实际需求，就会导致劳动投资过度。第三，社会对组织多样性的价值取向可能使得企业承受着来自利益相关者的压力，因此企业被迫在董事会中引入女性董事。这有利于公司增强其行为正当性及组织合法性。此时，女性董事被认为是企业迫于利益相关者的压力及为满足法律法规关于禁止性别歧视的要求而设立的"橡皮图章"。再加上女性被动、服从的性别特征，使她们难以完全参与公司的决策制定，因此，她们对公司决策的影响也极其有限，更可能使公司陷入少数人的控制之中，不利于企业劳动投资效率的提升。

基于上述分析，提出如下对立的研究假说。

H4－1：女性董事能够提升企业劳动投资效率。

H4－2：女性董事会降低企业劳动投资效率。

4.3 研究设计

4.3.1 样本选择与数据来源

本章以2009—2022年中国A股非金融保险行业上市企业作为初选样本，并依次进行了如下样本筛选程序：首先，剔除ST、*ST及PT等非正常交易的样本；其次，剔除员工人数小于30的样本；最后，剔除相关变量数据缺失的样本。经过上述样本筛选程序，最终得到22741个观测值。研究数据主要来自国泰安数据库、中国分省份市场化指数数据库及中国研究数据服务平台。为了保证研究结论稳健可靠，笔者不仅对各连续变量在1%与99%分位数上进行了缩尾处理,还将回归标准误进行了企业层面的聚类调整。

4.3.2 主要变量定义

(1) 被解释变量:企业劳动投资效率(LIE)

参考 Jung 等(2014)的做法,笔者首先使用模型(4-1)的回归拟合值来测度企业劳动投资规模的最优值,然后用劳动投资规模的实际值减去最优值之后的差额取绝对值来测度企业劳动投资效率(LIE)。LIE 的取值越大,意味着企业劳动投资规模实际值偏离最优值的程度越高,企业劳动投资效率越低。进一步地,笔者还将两者之间大于 0 和小于 0 的差值分别取绝对值,并各自定义为劳动投资过度(OverLI)和劳动投资不足(UnderLI)进行检验。

$$\begin{aligned} Net\_Hire_{it} = & \alpha_0 + \alpha_1 Growth_{it} + \alpha_2 Growth_{it-1} + \alpha_3 ROA_{it} + \alpha_4 \Delta ROA_{it} \\ & + \alpha_5 \Delta ROA_{it-1} + \alpha_6 Return_{it} + \alpha_7 SizeR_{it-1} + \alpha_8 Quick_{it-1} \\ & + \alpha_9 \Delta Quick_{it} + \alpha_{10} \Delta Quick_{it-1} + \alpha_{11} Lev_{it-1} + \alpha_{12} Lossbin1_{it-1} \\ & + \alpha_{13} Lossbin2_{it-1} + \alpha_{14} Lossbin3_{it-1} + \alpha_{15} Lossbin4_{it-1} \\ & + \alpha_{16} Lossbin5_{it-1} + Year + Industry + \varepsilon_{it} \end{aligned} \quad (4-1)$$

在模型(4-1)中,Net_Hire 为企业劳动投资规模,等于员工人数与个股总市值比值的增长率;Growth 为营业收入增长率;ROA、ΔROA 分别为总资产净利率及其变化值;Return 为考虑现金红利再投资的个股年度收益率;Size 为年个股总市值的自然对数;Quick、ΔQuick 分别表示速动比率及其变化值;Lev 为资产负债率;Lossbin1—Lossbin5 为表示企业亏损程度的虚拟变量,依据 ROA 取值大小进行界定。具体而言,当 $-0.005 \leqslant ROA \leqslant 0$ 时,Lossbin1 取 1,否则取 0;当 $-0.010 \leqslant ROA < -0.005$ 时,Lossbin2 取 1,否则取 0;Lossbin3、Lossbin4、Lossbin5 的取值方式以此类推;为了控制样本在时间层面可能受到的共同冲击及不同行业特征的影响,模型(4-1)还控制了年份固定效应(Year)与行业固定效应(Industry)。

(2) 解释变量:女性董事(FDR)

参考金智等(2015)的做法,笔者使用董事会中女性董事所占比例来衡量女性董事。董事会中女性董事所占比例等于董事会中女性董事人数除以董事会总人数。

(3) 控制变量

参考 Jung 等（2014）的做法，笔者在回归时考虑了一系列可能影响企业劳动投资效率的其他相关因素，具体包括：市值账面比（MB）、企业规模（Size）、速动比率（Quick）、资产负债率（Lev）、固定资产比重（PPE）、是否亏损（Loss）、是否股利支付（Div）、机构投资者持股比例（InsHold）、劳动密集度（Labor）、现金流量波动性（STD_CFO）、营业收入波动性（STD_Sales）、劳动投资波动性（STD_Net_Hire）、会计信息质量（AbsACC）、资本投资效率（InvEff）。同时，笔者控制了年度（Year）与行业（Industry）固定效应。

各变量的定义及计算方式与表 3−1 中一致，此处不再赘述。

4.3.3 模型设定与说明

参考 Jung 等（2014）的研究，笔者建立了回归模型（4−2）以检验前述研究假说。

$$LIE_{it+1} = \beta_0 + \beta_1 FDR_{it} + \lambda Controls_{it} + Year + Industry + \mu_{it+1} \quad (4-2)$$

在模型（4−2）中，LIE 为企业劳动投资效率，FDR 为女性董事比例，Controls 为控制变量，Year 和 Industry 分别为年份与行业固定效应，μ 为残差项。FDR 的系数 β_1 反映了女性董事对企业劳动投资效率的影响，若 H4−1 成立，则预期 β_1 显著为负；若 H4−2 成立，则预期 β_1 显著为正。

4.3.4 描述性统计

表 4−1 列示了主要变量的描述性统计结果。LIE 的平均值为 0.228，说明非效率劳动投资是企业当中普遍存在的现象，需要加以重视；最大值为 6.243，最小值为 0.001，两者之间差异较大，说明劳动投资效率的企业异质性也较为明显。从劳动投资过度（OverLI）和劳动投资不足（UnderLI）来看，两者的样本量占比分别约为 36% 和 64%，平均值分别为 0.305 和 0.190，表明劳动投资不足在企业当中更为普遍，而劳动投资过度更为严重。FDR 的平均值为 0.139，说明女性进入上市公司董事会的情形已经非常普遍；最小值为 0.000，最大值为 0.556，说明不同企业的董事会吸纳女性董事的数量存在较

大差别。其余各控制变量的统计结果均在合理范围之内。

表 4-1　　　　　　　　　　描述性统计

变量	样本量	平均值	标准差	标准差	中位数	最大值
LIE	22741	0.228	0.331	0.001	0.145	6.243
OverLI	8225	0.305	0.571	0.001	0.142	8.986
UnderLI	14516	0.190	0.165	0.001	0.147	1.136
FDR	22741	0.139	0.126	0.000	0.111	0.556
MB	22741	2.050	1.409	0.783	1.602	14.531
Size	22741	22.686	0.976	20.645	22.544	26.355
Quick	22741	1.427	1.413	0.122	1.007	11.088
Lev	22741	0.475	0.202	0.063	0.478	0.953
PPE	22741	0.226	0.171	0.001	0.189	0.772
Loss	22741	0.134	0.340	0.000	0.000	1.000
Div	22741	0.653	0.476	0.000	1.000	1.000
InsHold	22741	0.468	0.223	0.003	0.481	0.918
Labor	22741	0.066	0.060	0.002	0.050	0.458
STD_CFO	22741	0.058	0.128	0.001	0.017	1.236
STD_Sales	22741	0.212	0.531	0.002	0.052	5.304
STD_Net_Hire	22741	0.803	1.545	0.118	0.515	23.890
AbsACC	22741	0.059	0.060	0.000	0.040	0.402
InvEff	22741	0.027	0.029	0.000	0.018	0.206

4.4　实证结果分析

4.4.1　基准回归分析

表 4-2 列示了女性董事影响企业劳动投资效率的回归结果。第（1）列和第（2）列中 FDR 的回归系数分别为 0.053 和 0.046，均达到 1% 的显著性水平，表明无论是否考虑控制变量的影响，董事会中女性董事比例的提升均会显著降低企业劳动投资效率。从经济意义上看，基于第（2）列中 FDR 的回归系数及表 4-1 中描述性统计结果计算可知，董事会中女性董事比例

第4章 女性董事与企业劳动投资效率

每提升一个标准差,企业劳动投资效率大约降低2.54%。这具有一定经济意义。笔者进一步分别以OverLI和UnderLI为被解释变量进行回归,第(3)列中FDR的回归系数在10%的水平上显著为正,第(4)列中FDR回归系数则未通过显著性检验,说明女性董事在降低企业劳动投资效率方面主要表现为加剧了企业劳动投资过度,而未激化劳动投资不足。综合上述分析可知,前文研究假说H4-2得到支持。

表4-2　　　　　　　　　　基准回归分析

变量	(1) LIE	(2) LIE	(3) OverLI	(4) UnderLI
FDR	0.053***	0.046***	0.083*	0.013
	(2.940)	(2.602)	(1.819)	(1.213)
MB		0.020***	0.029***	0.004***
		(8.263)	(5.707)	(2.862)
Size		0.019***	0.028***	0.014***
		(5.785)	(3.272)	(7.174)
Quick		0.006***	0.009	0.008***
		(2.587)	(1.271)	(5.738)
Lev		0.062***	0.112**	0.030***
		(3.712)	(2.517)	(2.774)
PPE		−0.058***	−0.103**	−0.025**
		(−3.785)	(−2.505)	(−2.540)
Loss		0.017**	0.014	0.021***
		(2.216)	(0.665)	(3.977)
Div		−0.029***	−0.040**	−0.028***
		(−4.646)	(−2.292)	(−7.778)
InsHold		−0.010	−0.002	−0.005
		(−0.826)	(−0.076)	(−0.751)
Labor		−0.530***	−1.588***	0.029 (1.013)
		(−10.619)	(−10.742)	
STD_CFO		−0.094***	−0.265***	−0.016
		(−3.781)	(−3.097)	(−1.160)

续表

变量	(1) LIE	(2) LIE	(3) OverLI	(4) UnderLI
STD_Sales		0.005	0.010	0.004
		(0.843)	(0.539)	(1.223)
STD_Net_Hire		0.003**	0.002	0.005***
		(2.445)	(0.296)	(5.412)
AbsACC		0.211***	0.152	0.179***
		(4.756)	(1.324)	(6.719)
InvEff		0.441***	0.580***	0.280***
		(5.087)	(2.588)	(5.376)
_cons	0.215***	−0.228***	−0.278	−0.192***
	(9.466)	(−3.062)	(−1.393)	(−4.197)
Year	控制	控制	控制	控制
Industry	控制	控制	控制	控制
N	22741	22741	8225	14516
adj. R^2	0.080	0.105	0.142	0.198

4.4.2 内生性处理

(1) 工具变量法

董事会中女性董事比例的提升会降低企业劳动投资效率，但也可能劳动投资效率较低的企业更倾向于聘任女性董事，从而使董事会中女性董事比例有所提升。两者之间可能存在互为因果的内生性问题。为了缓解该问题的影响，参考阳镇和陈劲（2024）的思路，笔者将同年度同行业同地区（省份）的企业中女性董事比例的平均值（FDR_Ⅳ）作为工具变量，再次对研究假说进行检验。表4－3列示了两阶段最小二乘法（2SLS）的回归结果。第（1）列中FDR_Ⅳ的回归系数为0.163，在1%的水平上显著，表明工具变量与内生变量存在显著的正向关系。同时，Kleibergen-Paap rk LM统计量的取值在1%的水平上显著，Cragg-Donald Wald F统计量的取值大于16.38，表明工具变量分别通过了不可识别检验和弱工具变量检验,具有一定合理性。第(2)列中FDR的回归系数为0.120,在1%的水平上显著,表明在考虑了互为因果引发的内生性问题影响后,女性董事比例的提升仍然会显著降低企业劳动投资效率。

表4—3　　　　　　　　　　　工具变量法

变量	(1)	(2)
	FDR	LIE
FDR_Ⅳ	0.167***	
	(6.564)	
FDR		0.120***
		(2.691)
Controls	控制	控制
_cons	0.084	−0.243***
	(1.386)	(−3.227)
Year	控制	控制
Industry	控制	控制
N	22741	22741
adj. R²	0.074	0.104

(2) 控制个体固定效应

企业层面可能存在某些不随时间改变且难以观察和测度的影响劳动投资效率的因素,因此在基准回归时可能有所遗漏。为了降低这些可能遗漏的变量影响,在模型(4—2)中,笔者进一步控制企业个体固定效应(Firm)进行回归。结果见表4—4第(1)列,FDR的回归系数为0.050,达到10%的显著性水平,表明女性董事会降低企业劳动投资效率。

(3) 倾向得分匹配法和熵平衡匹配法

存在女性董事的企业与不存在女性董事的企业之间可能在财务及治理特征方面具有系统性偏差,进而引发样本自选择问题。倾向得分匹配法能在一定程度上缓解样本自选择问题产生的不利影响。具体来说,笔者将存在女性董事的企业(FD_D=1)认定为处理组,将不存在女性董事的企业(FD_D=0)认定为对照组。笔者以模型(4—2)中的控制变量、年份及行业虚拟变量为协变量,对两组样本分别进行1∶4最邻近匹配,同时为进一步缓解样本自选择问题,笔者还进行了熵平衡匹配。未列示的平衡性检验结果显示,采用两种方法进行匹配后,两组样本之间的系统性偏差均不再明显,获得了较好的匹配效果。表4-4第(2)列是使用倾向得分匹配法匹配后样本进行重新回归的结果,FDR的回归系数为0.051,在1%的水平上显著;第(3)列是使用熵平衡法匹配后样本进行重新回归的结果,FDR的回归系数为0.031,在10%的水平上显著。这表明在考虑样本自选择问题的影响后,女性董事仍然会降低企业劳动投资效率,基准回归结论未发生变化。

(4) Heckman 两阶段法

企业董事会是否聘请女性董事可能并非随机的,在劳动投资效率较为低下的企业董事会中女性董事比例可能更高,从而产生了样本选择偏差问题。笔者采用 Heckman 两阶段法来缓解样本选择偏差可能产生的不良影响。第一阶段进行 Probit 回归时,笔者首先以企业董事会中是否存在女性董事的虚拟变量 FD_D 为被解释变量,在考虑模型(4-2)中控制变量的基础上,进一步加入同行业企业中存在女性董事的企业比例这一外生排他变量;然后将根据 Probit 回归结果计算得出的逆米尔斯比率(IMR)代入模型(4-2)中进行第二阶段回归,在表4-4第(4)列的回归结果中,IMR 的回归系数在5%水平上显著,FDR 的回归系数在5%水平上显著为正。这表明样本虽然存在选择偏差,但是在考虑该问题的影响后,女性董事会降低企业劳动投资效率的结论仍然成立。

表4-4　　　　　　　　　其他内生性处理

变量	(1)	(2)	(3)	(4)
	LIE	LIE	LIE	LIE
FDR	0.050*	0.051***	0.031*	0.043**
	(1.836)	(2.604)	(1.732)	(2.482)
IMR				−0.095**
				(−2.038)
Controls	控制	控制	控制	控制

续表

变量	(1) LIE	(2) LIE	(3) LIE	(4) LIE
_cons	0.198	−0.195**	−0.254***	−0.167**
	(1.018)	(−2.285)	(−2.920)	(−2.155)
Year	控制	控制	控制	控制
Industry	控制	控制	控制	控制
N	22741	18596	22741	22741
adj. R²	0.110	0.102	0.109	0.105

4.4.3 稳健性检验

(1) 替换女性董事衡量指标

为了避免女性董事度量方式对基准回归结果的影响，笔者参考金智等（2015）、李井林和罗英祥（2024）及姜富伟等（2024）的做法，首先分别采用是否存在女性董事（FD_D，存在女性董事取 1，否则取 0）、女性董事数量（FDN，女性董事人数加 1 后取自然对数）、Blau 指数（Blau，1 减去男性董事比例的平方与女性董事比例的平方之和）来衡量董事会成员中女性董事情况，然后将上述三个指标分别作为解释变量重新对模型（4－2）进行回归。表 4－5 第（1）—（3）列中 FD_D、FDN 及 Blau 的回归系数均至少在 10% 的水平上显著为正，表明在替换女性董事的衡量指标之后，前述基准回归结果依然成立。

(2) 替换劳动投资效率衡量指标

为了避免劳动投资效率度量方式对基准回归结果的影响，笔者参考 Jung 等（2014）、孔东民等（2017）的做法，以企业劳动投资规模（Net_Hire）的年度行业中位数为最优投资规模标准，将企业实际劳动投资规模与该中位数的差额取绝对值作为劳动投资效率新的衡量指标（LIE2），LIE2 取值越小，企业劳动投资效率越高。笔者将重新界定的劳动投资效率指标（LIE2）作为被解释变量再次进行回归，结果见表 4－5 第（4）列，FDR 的回归系数为 0.043，在 5% 的水平上显著为正，表明在替换劳动投资效率衡量指标之后，基准回归结果依然成立。

表 4-5　　　　　　　　　稳健性检验

变量	(1) LIE	(2) LIE	(3) LIE	(4) LIE2
FD_D	0.008* (1.701)			
FDN		0.008* (1.889)		
Blau			0.036*** (2.580)	
FDR				0.043** (2.130)
Controls	控制	控制	控制	控制
_cons	−0.224*** (−3.008)	−0.223*** (−2.995)	−0.229*** (−3.072)	−0.495*** (−5.735)
Year	控制	控制	控制	控制
Industry	控制	控制	控制	控制
N	22741	22741	22741	22741
adj. R^2	0.105	0.105	0.105	0.067

4.5　异质性分析

前述实证结果为女性董事降低企业劳动投资效率提供了充分且翔实的经验证据。已有研究表明，劳动投资效率的改善对提升企业绩效及价值存在重要影响（Jung等，2014；李小荣等，2021）。因此，研究如何降低女性董事对企业劳动投资效率的不利影响就具有重要的现实意义。本章进一步从女性董事的背景特征和企业外部制度环境两个方面对女性董事降低企业劳动投资效率的情境性因素进行探析，以期寻找出有效缓解女性董事对企业劳动投资效率的不利影响的可行路径。

4.5.1 女性董事背景特征的影响

(1) 海外经历的影响

女性董事具有海外学习与工作经历,通常意味着其以往接受过更好的教育或培训,能够显著改善自身人力资本水平。这有助于提升其在董事会中的履职能力,从而真正做到在其位也谋其职,而非"橡皮图章"。同时,在不同制度约束与文化熏陶下,女性董事的认知也往往具有远见卓识。这有助于克服由其被动、服从,过于保守稳健的性别特征带来的不良影响,使其能够更加积极主动地参与董事会的各项决策,在作出决策时也会更加主动关注公司长远发展。因此,海外经历不仅使女性董事具有前沿的知识、广阔的视野及丰富的海外学习工作经验,还有助于其更好地发挥监督与咨询职能,减轻女性性别特征对劳动投资效率的负面影响。

为了对此进行检验,笔者设置了表示女性董事是否具有海外经历的虚拟变量 Oversea_D,若企业的女性董事中至少存在一位具有海外经历,则 Oversea_D 取值为1,否则取0。笔者进一步按照女性董事是否具有海外经历将样本进行分组回归,表4-6第(1)列和第(2)列的结果显示,在女性董事具有海外经历的样本中,FDR 的回归系数不显著;而在女性董事不具有海外经历的样本中,FDR 的回归系数在5%的水平上显著为正。这表明女性董事的海外经历能够降低其对劳动投资效率的负面影响。

(2) 学术经历的影响

女性董事曾在高校任教、科研机构任职或者协会从事研究工作的工作经历,通常意味着其具有严谨性和创新性。这不仅有助于塑造女性董事独立思考的性格特征,能够对出现的问题进行客观全面的分析,避免做出非理性的经营管理决策;也有助于其形成独立自主的个性特征,使其被动、服从和过于保守的性别特征有所弱化,能够更加主动积极地在董事会工作中发表意见、看法,更为有效地行使监督与咨询职能,从而帮助企业做出更为合理的劳动投资决策,提升企业劳动投资效率。因此,女性董事的学术经历能够降低其对劳动投资效率的负面影响。

为了对此进行检验，笔者设置了女性董事是否具有学术经历的虚拟变量 Academic_D，若企业的女性董事中至少存在一位具有学术经历，Academic_D 取值为1，否则取0。笔者进一步按照女性董事是否具有学术经历将样本进行分组回归，表4-6第（3）列和第（4）列的结果显示，在女性董事具有学术经历的样本中，FDR 的回归系数不显著；而在女性董事不具有学术经历的样本中，FDR 的回归系数在1%的水平上显著为正。这表明女性董事的学术经历能够降低其对劳动投资效率的负面影响。

表4-6　　　　　　　女性董事背景特征的影响

变量	(1) Oversea_D=1 LIE	(2) Oversea_D=0 LIE	(3) Academic_D=1 LIE	(4) Academic_D=0 LIE
FDR	0.001 (0.019)	0.065** (2.367)	0.036 (1.082)	0.113*** (2.798)
Controls	控制	控制	控制	控制
_cons	−0.048 (−0.176)	−0.220** (−2.477)	−0.134 (−1.116)	−0.311** (−2.576)
Year	控制	控制	控制	控制
Industry	控制	控制	控制	控制
N	2407	13546	7573	8380
adj. R^2	0.119	0.110	0.112	0.107

4.5.2　企业外部制度环境的影响

（1）儒家文化的影响

男女之间的话语权作为权力关系的重要表现形式，深受传统文化与社会制度的影响（金智等，2015）。儒家文化作为中国传统文化中最为重要的组成部分，无疑会对两性话语权产生重要影响。儒家文化所倡导的"三从四德"及董仲舒在此基础上发展而来的"三纲"，赋予了在中国传统社会中男性支配的权力及女性服从的义务（王金玲，2005）。在这些思想观念的长期熏陶下,"男主女从""男强女弱""男尊女卑"等不平等的两性权力关系深入人心。因此,较为浓厚的儒家文化氛围可能会进一步强化女性董事被动、服从的性别特征,造成女性董事即使进入企业董事会,也可能流于形式,成为"橡皮图章"。此时,公司决策机构被少数人控制,而女性董事对企业劳动投资决策的积极影响也极其有限,不利于企业劳动投资效率的提升。因此,儒家文化可能会强化女性董事对企业劳动投资效率的负面影响。

为了对此进行检验,参考淦未宇等（2020）的做法,笔者使用企业注册地所属省份现存的儒家书院数量来衡量企业受儒家文化影响的强度（Confu）,并按其年度中位数将样本企业所处地区划分为受儒家文化影响较强（Confu_D=1）和受儒家文化影响较弱（Confu_D=0）两组分别进行回归。表4-7第（1）列和第（2）列的结果显示,在受儒家文化影响较强地区的企业中,FDR的回归系数在5%的水平上显著为正；而在受儒家文化影响较弱地区的企业中,FDR的回归系数不显著。这表明较强的儒家文化氛围会强化女性董事对企业劳动投资效率的不利影响。

（2）市场化程度的影响

地区市场化程度对社会主体男女平等意识的感知具有重要影响（金智等,2015）。一方面,相较于市场化程度较低的地区,市场化程度较高的地区能够更为及时和明显地受到男女平等文化的影响,从而在更大程度上冲击传统儒家文化中所确立的"男主女从""男强女弱"和"男尊女卑"等观念的影响。另一方面,市场化程度越高的地区,市场竞争机制在企业资源配置中所发挥的作用越强,这使得决策个体的特质在企业经营管理决策中的影响有所降低。因为在市场化程度较高的地区,女性董事更能感受到男女平等的社会氛围,免受"男主女从""男强女弱""男尊女卑"不平等关系的影响,所以其被动、服从及过于保守的性别特征对公司治理的负面影响有所减弱,降低了其对企业劳动投资效率的负面影响。因此,女性董事降低企业劳动投资效率的效应在市场化程度较高的地区有所减弱。

为了对此进行检验,使用《中国分省份市场化指数报告（2021）》中的"市场化总指数"来衡量各省份的市场化程度（Market）,并按其年度中位数将样本企业所处地区划分为市场化程度较高（Market_D=1）和市场化程度较低（Market_D=0）两组分别进行回归。表4-7第（3）列和第（4）列的结果显示，位于市场化程度较高地区的企业中，FDR的回归系数不显著；而位于市场化程度较低地区的企业中，FDR的回归系数在5%的水平上显著为正。这表明较高的市场化程度可以弱化女性董事对企业劳动投资效率的不利影响。

表4-7　　　　　　　　　　企业外部制度环境的影响

变量	(1) Confu_D=1 LIE	(2) Confu_D=0 LIE	(3) Market_D=1 LIE	(4) Market_D=0 LIE
FDR	0.071** (2.023)	0.041 (1.231)	0.000 (0.002)	0.102** (2.280)
Controls	控制	控制	控制	控制
_cons	−0.070 (−0.572)	−0.317*** (−2.711)	−0.324* (−1.876)	−0.333** (−2.251)
Year	控制	控制	控制	控制
Industry	控制	控制	控制	控制
N	7760	8112	6101	5880
adj. R²	0.107	0.115	0.099	0.114

4.6　本章小结

董事会是公司治理的核心，积极推动董事会性别多元化对董事会履行监督与咨询职能具有重要影响。本章基于2009—2022年非金融类中国A股上市公司的相关数据，对女性董事如何影响企业劳动投资效率进行了深入研究。研究结果表明：第一，董事会中女性董事的增加会降低企业劳动投资效率，这一结论在进行了一系列的内生性处理与稳健性检验后仍然成立。第二，女性董事降低企业劳动投资效率的效应与女性董事的背景特征及企业外部制度环境密切相关。女性董事的背景特征方面，海外经历和学术经历有助于弱化其对劳动投资效率的不利影响；外部制度环境方面，较强的儒家文化氛围会强化女性董事对企业劳动投资效率的不利影响，较高的市场化程度则会弱化女性董事对企业劳动投资效率的不利影响。

本章的边际贡献主要体现在以下两个方面：一方面，笔者从董事会性别构成视角出发，对女性董事究竟如何影响企业劳动投资效率进行深入研究。这不仅有助于从劳动投资效率视角进一步明确女性董事在公司治理效应方面存在的争议，全面认知女性董事的经济效应；也拓展和充实了企业劳动投资效率影响因素的相关研究。另一方面，笔者从女性董事的背景特征及企业外部制度环境考察了女性董事影响企业劳动投资效率的情景差异。这有助于进一步明确应当如何从劳动投资效率视角充分发挥女性董事所带来的积极影响。对强化企业治理水平建设、提升企业劳动要素资源配置效率、保护投资者利益具有重要参考价值。

第 5 章　管理者薪酬激励与企业劳动投资效率

5.1　引言

在两权分离的现代公司制企业中，基于"理性经济人"前提假设，管理者可以凭借其实际掌握的对公司的经营管理权，利用自身信息优势，以损害股东利益为代价来追求个人私利，从而导致严重的第一类委托代理问题。在分散型股权结构模式下，管理者与股东之间的第一类委托代理冲突是公司治理问题的重要体现。公司治理理论认为，解决或缓解委托代理问题的主要途径包括监督和激励，两者缺一不可。然而，在高速发展的现代社会中，监督所依赖的规则和制度在一定程度上落后于实践。面对快速变化的内外部环境，对管理者进行过度监督可能导致其在企业经营中畏首畏尾，使公司错失发展良机，不利于企业价值提升。此外，监督只能保证"合规"，而未必能够实现"卓越"（姜付秀等，2022）。有效的激励制度则能够有效激发管理者的主观能动性，抑制其在企业经营管理过程中的机会主义行为，有助于实现股东财富最大化目标。因此，在某种程度上，有效的激励机制在解决或缓解委托代理问题方面所产生的作用甚至会超过严格的监督管理。

一般而言，管理者激励工具主要包括货币薪酬、授予股票或股票期权、延迟报酬、晋升与解聘及其他隐性激励手段等。其中，薪酬激励在不同国家和地区、不同类型企业中得到了广泛运用，一直被视为解决第一类委托代理问题的有效举措。已有文献表明，有效的薪酬激励能够抑制企业过度投资（辛清泉等，2007）、提升企业研发效率（陈修德等，2015）、改善企业经营业绩（刘绍娓、万大艳，2013；夏宁、董艳，2014）。就管理者薪酬激励类型而言，除了绝对薪酬激励之外，管理者团队成员内部的相对薪酬差距同样是影响管理者行为的重要因素，甚至在某些情况下薪酬差距在影响管理者行为方面的作用比绝对薪酬激励的影响更为明显。基于锦标赛理论视角的研究发现，薪酬差距的拉大有助于抑制管理者实施侵占型职务犯罪（张蕊、管考磊，2016）、促进企业加大创新投资水平（顾海峰、朱慧萍，2021），从而提升企业价值（梁上坤等，2019）。但是，也有研究从社会比较理论入手发现，薪酬差距可能会增加管理者的违规行为（魏芳、耿修林，2018）、加剧企业金融化（张怡阁、卜君，2023），对企业绩效产生负向影响（张正堂、李欣，2007）。

从上述文献中可以发现，薪酬激励对管理者行为及企业绩效的影响已经受到越来越多学者的关注，尤其是关于管理者内部薪酬差距的经济效应，现有研究不仅未取得一致结论，更是成为争议的焦点问题。就企业劳动投资效率而言，一方面，高额的绝对薪酬激励有助于缓解第一类委托代理冲突，促使管理者做出更加符合企业价值最大化目标的劳动投资决策，从而提升企业劳动投资效率。另一方面，从管理者内部薪酬差距来看，基于锦标赛理论和社会比较理论，管理者内部薪酬差距既可能提升企业劳动投资效率，也可能降低企业劳动投资效率，因而需要在实证上进行检验，而现有研究却鲜有就此展开具体分析并给出相应经验证据。有鉴于此，本章以中国A股上市公司为研究对象，基于管理者薪酬激励视角，考察管理者绝对薪酬激励与相对薪酬激励对企业劳动投资效率的影响，以期丰富和拓展现有文献。

5.2 理论分析与研究假说

5.2.1 管理者绝对薪酬激励与企业劳动投资效率

在委托代理理论的分析框架下，基于"理性经济人"前提假设，作为代理人的管理者在企业经营管理过程中往往以自身利益最大化作为决策准则，并不能从股东的角度做出最优决策,从而可能致使股东的利益遭受损害,引发严重的第一类委托代理冲突,造成劳动投资过度或不足等非效率情形产生。薪酬激励作为一项重要的内部治理方式,可以有效协调管理者与股东之间的利益冲突,缓解第一类委托代理冲突,从而有效提升企业劳动投资效率。一方面,较高水平的薪酬激励使得管理者不必努力构建"商业帝国"就能获取高额回报,从而弱化其"商业帝国"构建动机,降低企业由于资本投资项目不合理扩张而造成的劳动过度雇佣或解聘不足等非效率情形发生的可能性,有助于抑制企业劳动投资过度。另一方面,较高水平的薪酬激励有助于降低管理者的偷懒懈怠和短视行为、调动管理者的工作积极性和主观能动性,使管理者能够根据企业长期发展规划不断优化企业劳动投资决策,提升企业劳动投资效率。此外,劳动力市场与企业之间的信息不对称使得企业往往需要花费较多的时间和精力才能寻找到符合岗位胜任能力的劳动力。较高水平的薪酬也能够激励管理者主动为企业挑选更多优秀人才,降低对劳动力的低效和无效雇佣,从而提升企业劳动投资效率。

基于上述分析,提出如下研究假说。

H5-1:管理者绝对薪酬激励有助于提升企业劳动投资效率。

5.2.2 管理者相对薪酬激励与企业劳动投资效率

管理者相对薪酬激励即管理者团队成员内部薪酬差距也是影响管理者行为的重要因素。基于锦标赛理论和社会比较理论,管理者团队成员内部薪酬差距既可能提升企业劳动投资效率,也可能降低企业劳动投资效率。具体而言:

一方面,锦标赛理论认为,管理者是企业内部锦标赛的主要参与者,薪酬差距是对管理者参与和赢得内部锦标赛的重要奖励形式,是对其付出努力的一种高度认可(Lazear & Rosen,1981;Rosen,1986)。适当扩大薪酬差距有助于激发管理者的竞争意识,激励其在工作中付出更多努力。对薪酬水平相对较高的管理者而言,薪酬差距反映了其较高的管理水平和能力,能够激励其承担更多的经营管理责任,降低其机会主义行为,使其努力提升企业劳动投资效率。对薪酬水平相对较低的管理者而言,其通过提升企业劳动投资效率完成甚至超越期望业绩以展现自身管理水平和能力,是其赢得锦标赛以获取更多薪酬的重要方式。因此,薪酬差距具有较强的激励效果,并且薪酬差距越大,对管理者的激励作用也会越强(张怡阁、卜君,2023)。综上所述,从锦标赛理论的视角出发,薪酬差距作为一项重要的内部激励机制,能够促使管理者积极努力工作,显著增强管理者与股东利益的一致性,从而缓解第一类委托代理冲突,使管理者做出的劳动投资决策更加符合企业价值最大化目标,提升企业劳动投资效率。另外,适当扩大的薪酬差距不仅有助于激发管理者的竞争意识,还能够帮助企业吸引外部高素质人才加入企业,从而助力企业人力资本结构升级,提高劳动投资效率(周冬华、万贻健,2023)。

另一方面,社会比较理论认为,个体会通过将自身报酬与周围其他个体的报酬进行比较来判断自己受到的待遇是否公平。对管理者而言,当内部薪酬差距较大时,薪酬水平相对较低的管理者会认为自己的付出没有得到应得的回报,从而产生一种"被剥削"的感觉,并进一步导致其降低了在工作中的努力程度。尤其在集体主义、平均主义的文化背景下,个体大多存在"不患寡而患不均"的思想理念。较大的薪酬差距更是容易诱发薪酬水平相对较低的管理者的不公平感,进而引发其非效率投资、盈余管理等谋取私利的机会主义行为,加剧委托代理冲突(黎文靖、胡玉明,2012;杨志强、王华,2014)。综上所述,从社会比较理论的视角出发,管理者内部薪酬差距越大,薪酬水平相对较低的管理者的不公平感就越强烈。为了降低这种由薪酬差距所带来的不公平感,薪酬水平相对较低的管理者就越可能以权谋私、加大对股东利益的侵占,从而加剧委托代理冲突,降低企业劳动投资效率。

基于上述分析,提出如下研究假说。

H5－2a:管理者内部薪酬差距有助于提升企业劳动投资效率。

H5－2b:管理者内部薪酬差距会降低企业劳动投资效率。

5.3 研究设计

5.3.1 样本选择与数据来源

本章以2009—2022年中国A股非金融保险行业上市企业作为初选样本，并依次进行了如下样本筛选程序：首先，剔除ST、*ST及PT等非正常交易的样本；其次，剔除员工人数小于30的样本；最后，剔除相关变量数据缺失的样本。经过上述筛选程序，最终得到22705个样本观测值。研究数据主要来自国泰安数据库和万得数据库。为了避免极端值对研究结论产生的不利影响，笔者还对各连续变量在1%与99%分位数上进行了缩尾处理。

5.3.2 主要变量定义

（1）被解释变量：企业劳动投资效率（LIE）

参考Jung等（2014）的做法，笔者首先使用模型（5-1）的回归拟合值来测度企业劳动投资规模的最优值，然后用劳动投资规模的实际值减去最优值之后的差额取绝对值来测度企业劳动投资效率（LIE）。LIE的取值越大，意味着企业劳动投资规模实际值偏离最优值的程度越高，企业劳动投资效率越低。进一步地，笔者还将两者之间大于0和小于0的差值分别取绝对值，并各自定义为劳动投资过度（OverLI）和劳动投资不足（UnderLI）进行检验。

$$\begin{aligned} Net\_Hire_{it} =\ & \alpha_0 + \alpha_1 Growth_{it} + \alpha_2 Growth_{it-1} + \alpha_3 ROA_{it} + \alpha_4 \Delta ROA_{it} \\ & + \alpha_5 \Delta ROA_{it-1} + \alpha_6 Return_{it} + \alpha_7 SizeR_{it-1} + \alpha_8 Quick_{it-1} \\ & + \alpha_9 \Delta Quick_{it} + \alpha_{10} \Delta Quick_{it-1} + \alpha_{11} Lev_{it-1} + \alpha_{12} Lossbin1_{it-1} \\ & + \alpha_{13} Lossbin2_{it-1} + \alpha_{14} Lossbin3_{it-1} + \alpha_{15} Lossbin4_{it-1} \\ & + \alpha_{16} Lossbin5_{it-1} + Year + Industry + \varepsilon_{it} \end{aligned} \quad (5-1)$$

在模型（5-1）中，Net_Hire为企业劳动投资规模，等于员工人数与个股总市值比值的增长率；Growth为营业收入增长率；ROA、ΔROA分别为总资产净利率及其变化值；Return为考虑现金红利再投资的个股年度收益率；Size 为年个股总市值的自然对数；Quick、ΔQuick 分别表示速动比率及其变化值；Lev 为资产负债率；Lossbin1—Lossbin5 为表示企业亏损程度的虚拟变量，依据 ROA 取值大小进行界定。具体而言，当 $-0.005 \leqslant \text{ROA} \leqslant 0$ 时，Lossbin1 取 1，否则取 0；当 $-0.010 \leqslant \text{ROA} < -0.005$ 时，Lossbin2 取 1，否则取 0；Lossbin3、Lossbin4、Lossbin5 的取值方式以此类推；为了控制样本在时间层面可能受到的共同冲击和不同行业特征的影响，模型（5—1）还控制了年份固定效应（Year）与行业固定效应（Industry）。

（2）解释变量：管理者薪酬激励（SI）

本章主要从绝对和相对两个方面选取管理者货币薪酬总额和管理者内部薪酬差距对管理者薪酬激励水平进行测度。一方面，笔者参考袁知柱等（2023）的做法，以董监高薪酬总额的自然对数来衡量管理者的绝对薪酬激励水平（Salary）；另一方面，笔者参考顾海峰和朱慧萍（2021）的做法，以董监高前三名薪酬平均值与其他管理者薪酬平均值之差的绝对值取自然对数来衡量管理者内部薪酬差距，以表征相对薪酬激励水平（Gap）。

（3）控制变量

参考 Jung 等（2014）的做法，笔者在回归时考虑了一系列可能影响企业劳动投资效率的其他相关因素，具体包括：市值账面比（MB）、速动比率（Quick）、资产负债率（Lev）、固定资产比重（PPE）、是否亏损（Loss）、是否股利支付（Div）、机构投资者持股比例（InsHold）、劳动密集度（Labor）、现金流量波动性（STD_CFO）、营业收入波动性（STD_Sales）、劳动投资波动性（STD_Net_Hire）、会计信息质量（AbsACC）、资本投资效率（InvEff）。同时，笔者控制了企业个体（Firm）与行业（Industry）固定效应。

各控制变量的定义及计算方式与表 3—1 中一致，此处不再赘述。

5.3.3 模型设定与说明

参考 Jung 等（2014）的研究，笔者建立了回归模型（5—2）以检验前述研究假说。

$$\text{LIE}_{it+1} = \beta_0 + \beta_1 \text{SI}_{it} + \lambda \text{Controls}_{it} + \text{Firm} + \text{Year} + \mu_{it+1} \qquad (5-2)$$

在模型（5-2）中，LIE 为劳动投资效率；SI 为管理者薪酬激励水平，包括货币薪酬总额（Salary）和内部薪酬差距（Gap）两个指标；Controls 为控制变量；Firm 和 Year 分别为企业个体固定效应与年度固定效应；μ 为残差项。当解释变量为 Salary 时，若其回归系数 β_1 显著为负，则研究假说 H5-1 成立；当解释变量为 Gap 时，若其回归系数 β_1 显著为负，则研究假说 H5-2a 成立；反之，则研究假说 H5-2b 成立。

5.3.4 描述性统计

表 5-1 报告了各变量的描述性统计结果。LIE 的平均值为 0.240，标准差为 0.412，最小值为 0.001，最大值为 8.861，说明不同企业之间劳动投资效率差别较大。OverLI 和 UnderLI 的样本量占比分别为 36% 和 64%，说明劳动投资不足情况更为普遍，两者的平均值分别为 0.329 与 0.192，说明劳动过度投资情况可能更加严重。Salary 的最小值为 12.644，最大值为 17.708，标准差为 0.788；Gap 的最小值和最大值分别为 10.239 和 15.543，标准差为 0.821，说明无论是管理者的绝对薪酬激励水平，还是相对薪酬激励水平（内部薪酬差距），在不同企业之间均具有较大差别。其余各控制变量的描述性统计结果均在合理范围之内。

表 5-1　　　　　　　　　　　描述性统计

变量	样本量	平均值	标准差	最小值	中位数	最大值
LIE	22705	0.240	0.412	0.001	0.147	8.861
OverLI	8214	0.329	0.658	0.001	0.145	9.066
UnderLI	14491	0.192	0.168	0.002	0.148	1.226
Salary	22705	15.288	0.788	12.644	15.275	17.708
Gap	22705	12.982	0.821	10.239	12.943	15.543
MB	22705	2.051	1.411	0.783	1.603	14.531
Quick	22705	1.427	1.413	0.122	1.007	11.088
Lev	22705	0.475	0.202	0.063	0.478	0.953
PPE	22705	0.225	0.171	0.001	0.189	0.772

续表

变量	样本量	平均值	标准差	最小值	中位数	最大值
Loss	22705	0.134	0.340	0.000	0.000	1.000
Div	22705	0.653	0.476	0.000	1.000	1.000
Labor	22705	0.066	0.060	0.002	0.050	0.458
InsHold	22705	0.467	0.223	0.003	0.481	0.918
STD_CFO	22705	0.058	0.128	0.001	0.017	1.236
STD_Sales	22705	0.212	0.532	0.002	0.051	5.304
STD_Net_Hire	22705	0.803	1.547	0.118	0.515	23.890
AbsACC	22705	0.059	0.060	0.000	0.040	0.402
InvEff	22705	0.027	0.029	0.000	0.018	0.208

5.4 实证结果分析

5.4.1 基准回归分析

表5-2列示了管理者货币薪酬总额（绝对薪酬激励水平）影响企业劳动投资效率的回归结果。第（1）列和第（2）列中Salary的回归系数分别为-0.022和-0.026，均达到1%的显著性水平，表明无论是否考虑控制变量的影响，管理者货币薪酬激励均能够显著提升企业劳动投资效率。从经济意义上看，基于第（2）列中Salary的回归系数及表5-1中描述性统计结果计算可知，管理者货币薪酬总额每提升一个标准差，企业劳动投资效率将平均提升约8.54%。这具有一定的经济意义。笔者进一步分别以OverLI和UnderLI为被解释变量进行回归，第（3）列中Salary的回归系数未通过显著性检验，第（4）列中Salary的回归系数在1%的水平上显著为负，表明管理者货币薪酬激励提升企业劳动投资效率主要表现为缓解劳动投资不足，而没有抑制劳动投资过度。综合上述分析可知，前文研究假说H5-1得到支持。

表 5—2　　　　　　管理者货币薪酬总额与企业劳动投资效率

变量	(1) LIE	(2) LIE	(3) OverLI	(4) UnderLI
Salary	−0.022*** (−3.368)	−0.026*** (−3.832)	−0.004 (−0.159)	−0.022*** (−5.058)
MB		0.034*** (10.351)	0.052*** (8.033)	0.002 (0.952)
Quick		0.015*** (3.504)	0.029** (2.055)	0.009*** (3.901)
Lev		0.050* (1.672)	0.032 (0.361)	0.119*** (5.960)
PPE		−0.004 (−0.100)	0.241** (2.009)	−0.046* (−1.932)
Loss		0.004 (0.421)	−0.006 (−0.223)	0.006 (0.987)
Div		−0.014* (−1.829)	−0.047* (−1.795)	−0.013*** (−3.025)
Labor		−1.305*** (−9.421)	−4.835*** (−10.616)	0.340*** (5.666)
InsHold		0.016 (0.536)	0.089 (0.922)	−0.037** (−2.036)
STD_CFO		−0.079** (−2.090)	−0.148 (−1.050)	−0.070*** (−2.855)
STD_Sales		0.000 (0.007)	0.024 (0.764)	−0.002 (−0.432)
STD_Net_Hire		−0.019*** (−5.158)	−0.083*** (−4.921)	0.002 (1.384)
AbsACC		0.078* (1.675)	−0.014 (−0.108)	0.097*** (3.200)

续表

变量	(1) LIE	(2) LIE	(3) OverLI	(4) UnderLI
InvEff		0.231**	0.341	0.184***
		(2.478)	(1.278)	(3.097)
_cons	0.577***	0.661***	0.724**	0.422***
	(5.808)	(5.888)	(2.044)	(6.315)
Firm	控制	控制	控制	控制
Year	控制	控制	控制	控制
N	22705	22705	8210	14495
adj. R^2	0.081	0.109	0.200	0.199

表5-3列示了管理者内部薪酬差距（相对薪酬激励水平）影响企业劳动投资效率的回归结果。第（1）列和第（2）列中Gap的回归系数分别为-0.010和-0.018，且分别达到10%和1%的显著性水平，表明无论是否考虑控制变量的影响，管理者内部薪酬差距都会显著提升企业劳动投资效率。从经济意义上看，基于第（2）列中Gap的回归系数及表5-1中描述性统计结果计算可知，管理者内部薪酬差距每提升一个标准差，企业劳动投资效率将提升约6.16%。这也具有较为明显的经济意义。笔者进一步分别以OverLI和UnderLI为被解释变量进行回归，第（3）列中Gap的回归系数未通过显著性检验，第（4）列中Gap的回归系数在1%的水平上显著为负，表明管理者内部薪酬差距提升企业劳动投资效率也主要体现为缓解劳动投资不足，而没有抑制劳动投资过度。综合上述分析可知，前文研究假说H5-2a得到支持。

表 5-3　　　　高管内部薪酬差距与企业劳动投资效率

变量	(1) LIE	(2) LIE	(3) OverLI	(4) UnderLI
Gap	−0.010*	−0.018***	−0.009	−0.018***
	(−1.685)	(−2.814)	(−0.453)	(−4.799)
MB		0.034***	0.053***	0.003
		(10.443)	(8.075)	(1.081)
Quick		0.016***	0.030**	0.009***
		(3.620)	(2.058)	(4.072)
Lev		0.048	0.032	0.118***
		(1.613)	(0.360)	(5.896)
PPE		−0.002	0.240**	−0.046*
		(−0.047)	(1.995)	(−1.904)
Loss		0.004	−0.006	0.006
		(0.492)	(−0.239)	(1.011)
Div		−0.016**	−0.047*	−0.014***
		(−1.994)	(−1.795)	(−3.230)
Labor		−1.300***	−4.844***	0.344***
		(−9.344)	(−10.606)	(5.693)
InsHold		0.013	0.091	−0.038**
		(0.432)	(0.937)	(−2.106)
STD_CFO		−0.081**	−0.147	−0.071***
		(−2.144)	(−1.044)	(−2.892)
STD_Sales		−0.001	0.025	−0.003
		(−0.134)	(0.784)	(−0.544)
STD_Net_Hire		−0.019***	−0.083***	0.002
		(−5.144)	(−4.928)	(1.384)
AbsACC		0.080*	−0.014	0.100***
		(1.721)	(−0.103)	(3.295)

续表

变量	(1) LIE	(2) LIE	(3) OverLI	(4) UnderLI
InvEff		0.235**	0.342	0.187***
		(2.511)	(1.283)	(3.157)
_cons	0.378***	0.497***	0.780***	0.323***
	(4.872)	(5.470)	(2.863)	(6.328)
Firm	控制	控制	控制	控制
Year	控制	控制	控制	控制
N	22705	22705	8210	14495
adj. R^2	0.080	0.109	0.200	0.199

5.4.2 内生性处理

(1) 工具变量法

管理者薪酬激励水平的提升能够显著改善企业劳动投资效率，但也可能劳动投资效率较高的企业管理者薪酬激励水平也相对更高。两者之间可能存在互为因果引发的内生性问题。为了缓解该问题的影响，借鉴顾海峰和朱慧萍（2021）的做法，笔者将滞后一期的绝对薪酬激励水平（Ⅳ1）和滞后一期的相对薪酬激励水平（Ⅳ2）作为工具变量，再次对研究假说进行检验。表5-4列示了两阶段最小二乘法（2SLS）的回归结果。第（1）列中Ⅳ1的回归系数为0.530，在1%的水平上显著；第（3）列中Ⅳ2的回归系数为0.513，也在1%的水平上显著。表明工具变量与内生变量存在显著的正向关系。同时，Kleibergen-Paap rk LM 统计量的取值分别为437.720和428.842，均达到1%的显著性水平，Cragg-Donald Wald F 统计量的取值也均大于16.38，这些统计结果表明工具变量Ⅳ1和Ⅳ2的选取均具有一定的合理性。第（2）列和第（4）列的第二阶段回归结果显示，Salary和Gap的回归系数分别为-0.031和-0.024，且至少在10%的水平上显著，表明在考虑了互为因果引发的内生性问题影响后，管理者绝对薪酬激励和相对薪酬激励仍然能够显著提升企业劳动投资效率。

表 5—4　　　　　　　　　　工具变量法

变量	(1) Salary	(2) LIE	(3) Gap	(4) LIE
IV1	0.530*** (45.998)			
Salary		−0.031** (−2.143)		
IV2			0.513*** (46.646)	
Gap				−0.024* (−1.907)
Controls	控制	控制	控制	控制
_cons	7.271*** (39.522)		6.496*** (42.605)	
Firm	控制	控制	控制	控制
Year	控制	控制	控制	控制
N	19060	18826	19060	18826
adj. R²	0.548	−0.011	0.547	−0.011

(2) 倾向得分匹配法和熵平衡匹配法

管理者薪酬激励水平的高低可能与企业自身某些特征相关联而非随机分布，从而引发由自选择造成的内生性问题。为此，笔者使用倾向得分匹配法和熵平衡匹配法进行缓解。具体来说，笔者分别将 Salary 和 Gap 的取值大于年度行业中位数的样本作为处理组，取值为 1；将小于年度行业中位数的样本作为对照组，取值为 0。在此基础上，笔者不仅对处理组样本采用 1∶4 最近邻匹配，以最小化均方误（Abadie 等，2004）；还进行了熵平衡匹配，协变量包括前述所有控制变量及行业、年份虚拟变量。采用这两种方法进行匹配后，未列示的平衡性检验结果显示，处理组和对照组之间的系统性差异均不再明显，具有较好的匹配效果。表 5—5 第 (1) 列和第 (2) 列为使用倾向得分匹配法进行匹配后所得样本的回归结果，第（3）列和第（4）列为使用熵平衡匹配法进行匹配后所得样本的回归结果。观察发现，无论是进行倾向得分匹配，还是进行熵平衡匹配，Salary的回归系数均在1%水平上显著为负，Gap的回归系数也均在5%水平上显著为负，仍然支持管理者薪酬激励对企业劳动投资效率具有提升效应。

表5-5　　　　　　　倾向得分匹配法和熵平衡匹配法

变量	（1）	（2）	（3）	（4）
	LIE	LIE	LIE	LIE
Salary	−0.027***		−0.023***	
	(−3.700)		(−3.173)	
Gap		−0.017**		−0.017**
		(−2.539)		(−2.435)
Controls	控制	控制	控制	控制
_cons	0.661***	0.517***	0.592***	0.448***
	(5.587)	(5.302)	(4.946)	(4.490)
Firm	控制	控制	控制	控制
Year	控制	控制	控制	控制
N	19901	20614	22705	22705
adj. R^2	0.113	0.113	0.131	0.130

（3）控制高阶固定效应

为了进一步避免不随时间发生变化的行业相关因素在回归分析时有所遗漏，笔者在模型（5-2）的基础上进一步加入年度与行业联合固定效应（Year×Industry）进行回归。表5-6中Salary和Gap的回归系数仍然均在1%的水平上显著为负，仍然支持管理者薪酬激励能够提升企业劳动投资效率的结论。

表 5－6 控制高阶固定效应

变量	(1) LIE	(2) LIE
Salary	－0.027***	
	(－3.839)	
Gap		－0.018***
		(－2.842)
Controls	控制	控制
_cons	0.616***	0.448***
	(5.455)	(4.878)
Firm	控制	控制
Year×Industry	控制	控制
N	22705	22705
adj. R^2	0.135	0.134

5.4.3 稳健性检验

(1) 变更管理者薪酬激励衡量指标

前述基准回归分析中，薪酬激励的范围被界定为董事、监事及高级管理人员。为了降低管理者薪酬激励衡量指标对前述回归结果的影响，笔者进一步将薪酬激励的范围界定为高级管理人员，笔者将高级管理人员薪酬总额的自然对数（Salary2）作为绝对薪酬激励的替代变量，将高级管理人员第一名薪酬与其他高级管理人员薪酬平均值之差的绝对值取自然对数，即高级管理人员内部薪酬差距（Gap2）作为相对薪酬激励的替代变量，将 Salary2 和 Gap2 作为解释变量再次进行回归。表 5－7 第（1）列的回归结果显示，Salary2 的回归系数为－0.018，在 1% 的水平上显著；第（2）列的回归结果显示，Gap2 的回归系数为－0.005，在 10% 的水平上显著，两者均支持了管理者薪酬激励对企业劳动投资效率的提升作用。

(2) 替换劳动投资效率衡量指标

为了避免劳动投资效率度量方式对基准回归结果的影响，笔者参考 Jung

等（2014）、孔东民等（2017）的做法，以企业劳动投资规模（Net_Hire）的年度行业中位数为最优投资规模标准，将企业实际劳动投资规模与该中位数的差额取绝对值作为劳动投资效率新的衡量指标（LIE2），LIE2取值越小，企业劳动投资效率越高。笔者将重新界定的劳动投资效率指标（LIE2）作为被解释变量再次进行回归，结果见表5－7第（3）列和第（4）列，Salary与Gap的回归系数分别在5%和10%的水平上显著为负，表明管理者薪酬激励提升企业劳动投资效率的结论依然成立。

表5－7　　　　　　　　　　替换核心变量

变量	(1) LIE	(2) LIE	(3) LIE2	(4) LIE2
Salary2	−0.018*** (−3.152)			
Gap2		−0.005* (−1.819)		
Salary			−0.012** (−2.336)	
Gap				−0.009* (−1.868)
Controls	控制	控制	控制	控制
_cons	0.536*** (5.654)	0.337*** (6.561)	0.427*** (4.941)	0.363*** (5.035)
Firm	控制	控制	控制	控制
Year	控制	控制	控制	控制
N	22689	22619	22510	22510
adj. R^2	0.109	0.107	0.103	0.103

（3）进一步考虑管理者持股比例的影响

授予股权是股东对管理者进行的有效激励，是协调管理者与股东之间利益的一种重要方式，但是前述在考察管理者薪酬激励对企业劳动投资效率的影响时笔者并未考虑管理者股权激励这一影响因素。因此，在模型（5－2）

中，笔者进一步加入管理者持股比例变量（MShare，管理者持股数量除以总股数）后，再次进行回归。表 5-8 的结果显示，Salary 与 Gap 的回归系数均在 1% 的水平上显著为负，表明在考虑管理者持股比例的影响后，薪酬激励仍然能够对企业劳动投资效率产生积极影响。

表 5-8　　　　　　考虑管理者持股比例的影响

变量	(1) LIE	(2) LIE
Salary	−0.024*** (−3.441)	
Gap		−0.017*** (−2.647)
MShare	0.011 (0.199)	0.002 (0.038)
Controls	控制	控制
_cons	0.640*** (5.469)	0.494*** (5.260)
Firm	控制	控制
Year	控制	控制
N	21859	21859
adj. R^2	0.110	0.109

5.5　作用机制检验

前述实证结果表明，无论是对管理者的绝对薪酬激励，还是对管理者的相对薪酬激励，均能够有效提升企业劳动投资效率。根据理论分析的逻辑，薪酬激励能够有效协调管理者与股东之间的利益冲突，降低第一类委托代理成本，从而提升企业劳动投资效率。为了对此进行检验，笔者使用中介效应逐步分析法，在模型（5-2）的基础上，进一步构建模型（5-3）和（5-4），从缓解第一类委托代理冲突的角度考察了管理者绝对薪酬激励和相对薪酬激励对提升企业劳动投资效率的作用机制。

$$M_{it} = \delta_0 + \delta_1 SI_{it} + \lambda Controls_{it} + Firm + Year + \mu_{it} \quad (5-3)$$

$$LIE_{it+1} = \varphi_0 + \varphi_1 SI_{it} + \varphi_2 M_{it} + \lambda Controls_{it} + Firm + Year + \mu_{it+1}$$

$$(5-4)$$

在模型（5-3）和模型（5-4）中，M为中介变量，表示第一类委托代理冲突（AC）。参考申丹琳和江轩宇（2022）的做法，笔者使用管理费用与营业收入的比值，即管理费用率，来衡量第一类委托代理冲突。管理费用率越高，第一类委托代理冲突越严重。其余变量与模型（5-2）中保持一致。

表5-9列示了作用机制检验的回归结果。第（1）列中Salary的回归系数在1%的水平上显著为负，表明管理者货币薪酬激励能够显著降低第一类委托代理冲突；第（2）列中AC的回归系数在1%的水平上显著为正，Salary的回归系数在1%的水平上显著为负，表明管理者货币薪酬激励能够通过降低第一类委托代理冲突，从而提升企业劳动投资效率。同时，第（3）列中Gap的回归系数在10%的水平上显著为负，表明管理者内部薪酬差距也能够显著降低第一类委托代理冲突；第（4）列中AC的回归系数在1%的水平上显著为正，Gap的回归系数在1%的水平上显著为负，表明管理者内部薪酬差距也能够通过降低第一类委托代理冲突，从而提升企业劳动投资效率。为了确保上述结论稳健可靠，笔者还进行了Sobel检验。Sobel检验Z统计量的取值分别为-2.788和-2.118，分别在1%和5%的水平上显著。这一结果与逐步分析法的结论保持一致。

综上所述，第一类委托代理冲突中介效应得到支持，管理者薪酬激励能够有效降低第一类委托代理冲突，从而提升企业劳动投资效率。

表 5－9　　　　　　　　　　作用机制检验

变量	(1) AC	(2) LIE	(3) AC	(4) LIE
Salary	－0.005*** (－3.675)	－0.026*** (－3.710)		
Gap			－0.002* (－1.797)	－0.018*** (－2.750)
AC		0.162*** (2.709)		0.168*** (2.807)
Controls	控制	控制	控制	控制
_cons	0.154*** (7.437)	0.636*** (5.624)	0.110*** (6.540)	0.478*** (5.216)
Firm	控制	控制	控制	控制
Year	控制	控制	控制	控制
N	22705	22705	22705	22705
adj. R^2	0.145	0.110	0.144	0.109

5.6　异质性分析

管理者权力和能力是影响管理者薪酬水平及薪酬差距的重要原因。已有研究表明，管理者权力导致的高额薪酬和由此产生的薪酬差距并不能产生有效的激励效应，而管理者能力导致的高额薪酬及薪酬差距则能够切实发挥激励效应（陈德球和步丹璐，2015）。因此，在管理者权力及能力存在异质性的情形下，管理者薪酬激励对劳动投资效率的积极影响也可能会有所差别，对此笔者将进行进一步的讨论和检验。

5.6.1　管理者权力的影响

前文实证结果表明，有效的薪酬制度设计能够将管理者与股东利益紧密地联系在一起，发挥激励作用，促使管理者按照股东财富最大化目标来决策和行事，从而有效缓解第一类委托代理冲突，提升企业劳动投资效率。但是，在现实中，企业的薪酬激励机制可能并不是完全有效的。根据管理者权力假说，权力较大的管理者不仅能够通过利用手中的权力进行盈余操纵进而影响自身绩效薪酬（谢德仁等，2014），还能够通过"俘获"董事会来影响自身薪酬设计（吕长江、赵宇恒，2008），从而获取较高水平的薪酬（权小锋等，2010），使得内部薪酬差距扩大（Chen等，2011；黎文靖、胡玉明，2012）。此时，管理者较高的薪酬及较大薪酬差距主要是依靠其所拥有的权力产生的，其并不是对管理者努力工作的回报和奖励。这可能会导致薪酬机制原有的激励效应发生扭曲，不利于企业劳动投资效率的提升。因此，当管理者权力较大时，管理者薪酬激励对企业劳动投资效率的提升作用可能有所弱化。

为了对此进行检验，借鉴王化成等（2015）、张怡阁和卜君（2023）的做法，笔者使用董事长与总经理是否两职兼任来衡量管理者权力（Power）。当董事长和总经理两职兼任时，管理者权力较大（Power_D=1）；反之，则认为管理者权力较小（Power_D=0）。笔者进一步将两组样本分别进行回归的结果见表5－10，当管理者权力较大时，Salary和Gap的回归系数均不显著，而当管理者权力较小时，Salary和Gap的回归系数均在1%的水平上显著为负，表明较高的管理者权力扭曲了薪酬机制的激励效应，不利于劳动投资效率的提升。

表5－10　　　　　　　　　管理者权力的影响

变量	（1）Power_D=1 LIE	（2）Power_D=0 LIE	（3）Power_D=1 LIE	（4）Power_D=0 LIE
Salary	−0.018 (−1.074)	−0.026*** (−3.102)		
Gap			−0.012 (−0.799)	−0.021*** (−2.814)

续表

变量	(1) Power_D=1 LIE	(2) Power_D=0 LIE	(3) Power_D=1 LIE	(4) Power_D=0 LIE
Controls	控制	控制	控制	控制
_cons	0.464* (1.873)	0.666*** (4.898)	0.351* (1.919)	0.551*** (5.067)
Firm	控制	控制	控制	控制
Year	控制	控制	控制	控制
N	4658	17385	4658	17385
adj. R^2	0.109	0.108	0.109	0.108

5.6.2 管理者能力的影响

根据有效契约理论，包含有效激励制度设计的薪酬契约是降低管理者与股东之间委托代理冲突的重要制度安排，较高的薪酬水平及较大薪酬差距是与较强的管理者能力相匹配的报酬的重要体现形式（Fama，1980）。也就是说，管理者由于具有较强的能力而获取的高额薪酬及由此产生的薪酬差距，是管理者通过努力付出而获得的合理回报。这些回报能够实现对管理者的有效激励，促使其更加积极努力地工作，有助于减少其在企业经营管理过程中的机会主义行为（陈德球、步丹璐，2015），从而提高企业劳动投资效率。因此，当管理者的能力较强时，高额薪酬及薪酬差距具有切实的激励效应，有助于提升企业劳动投资效率。

为了对此进行检验，借鉴Demerjian等（2012）、姚立杰和周颖（2018）的做法，笔者采用数据包络分析法来测度管理者能力（Ability），Ability取值越大，管理者能力越强。笔者进一步以其年度行业中位数为标准，将样本划分为管理者能力较强（Ability_D=1）和管理者能力较弱（Ability_D=0）两组，并分别进行回归。表5-11的回归结果显示，当管理者能力较强时，Salary和Gap的回归系数分别在1%和5%的水平上显著为负；而当管理者能力较弱时，Salary 和 Gap 的回归系数均不显著。这表明较强的管理者能力导致的高额薪酬及薪酬差距具有激励效应，有利于劳动投资效率的提升。

表 5－11　　　　　　　　　　管理者能力的影响

变量	(1) Ability_D=1 LIE	(2) Ability_D=0 LIE	(3) Ability_D=1 LIE	(4) Ability_D=0 LIE
Salary	−0.033*** (−3.091)	−0.011 (−1.042)		
Gap			−0.021** (−2.269)	−0.005 (−0.535)
Controls	控制	控制	控制	控制
_cons	0.817*** (4.599)	0.514*** (2.832)	0.601*** (4.211)	0.420*** (2.806)
Firm	控制	控制	控制	控制
Year	控制	控制	控制	控制
N	10091	10202	10091	10202
adj. R^2	0.105	0.127	0.104	0.127

5.7　本章小结

薪酬激励是协调管理者与股东之间委托代理冲突的重要方式。从管理者绝对薪酬激励与相对薪酬激励入手，基于 2009—2022 年沪深非金融类 A 股上市公司的相关数据，笔者考察了其对企业劳动投资效率的影响效应及作用机制。研究结果表明：第一，管理者绝对薪酬激励（货币薪酬总额）和相对薪酬激励（内部薪酬差距）均能够有效提升企业劳动投资效率。第二，作用机制检验表明，管理者薪酬激励主要通过缓解第一类委托代理冲突来提升企业劳动投资效率。第三，管理者薪酬激励对企业劳动投资效率的积极影响与管理者的权力和能力存在密切关系。具体而言，较大的管理者权力会削弱薪酬激励对企业劳动投资效率的积极影响，而较强的管理者能力则能强化薪酬激励对企业劳动投资效率的积极影响。

  本章的边际贡献主要体现在：第一，笔者从管理者绝对薪酬激励与相对薪酬激励入手，较为全面地考察了薪酬激励水平对企业劳动投资效率的影响，拓展和充实了薪酬激励经济效应及企业劳动投资效率影响因素的相关研究。第二，笔者基于委托代理理论、锦标赛理论、社会比较理论，考察了管理者薪酬激励影响企业劳动投资效率的作用机制。这有助于从企业劳动投资效率角度全面认知和理解薪酬制度安排在企业治理中所发挥的功能效用。第三，笔者从管理者权力与能力视角，考察了管理者薪酬激励影响企业劳动投资效率的情景差异。这有助于进一步明确应当如何充分发挥管理者薪酬激励的积极效应，对强化企业治理水平建设、提升企业经营绩效、保护投资者利益具有参考价值。

第 6 章　会计信息可比性与企业劳动投资效率

6.1　引言

可比性是会计信息质量重要特征之一。早在 1980 年美国财务会计准则委员会颁布的财务报告概念框架第 2 号《会计信息的质量特征》中，可比性就被列为会计信息质量的主要组成部分。国际会计准则理事会在 2018 年发布的《财务报告概念框架》中指出，企业的会计信息如果可以与其他企业的类似信息相互对比则更为有用。我国财政部颁布的《企业会计准则——基本准则》第十五条也明确规定，企业提供的会计信息应当具有可比性。更可比的会计信息能够让各会计主体的相同项目体现一致性、不同项目体现异质性。这有利于企业内外部财务报告使用者拓展信息获取来源并降低信息获取成本，更为深刻地识别和理解目标公司与同行业竞争者之间的异同，从而有效发挥高质量会计信息的信息优化功能和监督治理功能，增强会计信息的决策有用性。

会计信息可比性的信息优化功能能够降低企业内外部信息不对称的程度，在缓解外部投资者逆向选择及管理者道德风险的同时，也有助于改善管理者的决策信息环境，提高其决策效率。同时，监督治理功能能够强化企业内外部各利益相关主体对管理者的监督与激励，从而协调管理者与股东的利益趋于一致，缓解委托代理冲突。因此，会计信息可比性对企业及管理者的行为具有重要影响。相关研究发现，更可比的会计信息不仅能够显著抑制管理者的盈余管理（胥朝阳、刘睿智，2014）、避税（李青原、王露萌，2019）、违规（雷啸、唐雪松，2021）、超额在职消费（雷啸等，2021），降低其机会主义行为倾向；还能够有效优化企业资源配置效率、显著改善企业投资效率（袁振超、饶品贵，2018；袁知柱、张小曼，2020）、促进企业创新产出（江轩宇等，2017；Chircop 等，2020）、提升企业并购绩效（刘睿智等，2015；Chen 等，2018；袁天荣、王霞，2021），从而提升企业全要素生产率（陈琳、李清，2024），赋能高质量发展。

从上述文献中可以发现，学者们对会计信息可比性的经济效应进行了广泛而深入的探讨。就企业投资行为而言，现有文献已经涉及了资本投资、创新投资、并购投资等方面，但对劳动投资方面较少涉猎。理论上，更可比的会计信息也能够通过发挥信息优化功能和监督治理功能来降低企业内外部信息不对称及委托代理冲突，从而对企业劳动投资效率产生重要影响。但是，鲜有研究就此展开具体分析并给出相应经验证据。有鉴于此，本章以中国沪深 A 股上市公司为研究对象，从企业劳动投资行为入手，考察会计信息可比性是否及如何影响企业劳动投资效率，以期对现有文献进行丰富和拓展。

6.2 理论分析与研究假说

信息不对称与委托代理冲突会使企业劳动投资决策偏离企业价值最大化目标，降低企业劳动投资效率（Jung 等，2014；Khedmati 等，2020；李小荣等，2021）。高质量会计信息是提升公司治理效率、优化社会资源配置的基础保障。相较于现有研究中更多关注的可靠性、稳健性等维度，会计信息可比性具有独特的信息溢出效应。更可比的会计信息使得内外部财务报告的使用者能够通过对与目标公司自身的纵向比较及与同行业竞争者的横向比较，增加对目标公司及其所在行业实际运营与发展态势的了解和认知。其在扩大信息获取范围的同时，降低了信息获取成本，有助于发挥高质量会计信息的信息优化功能与监督治理功能，进而提高企业劳动投资效率。

第一，会计信息可比性能够降低企业内外部信息不对称进而提高企业劳动投资效率。从本质上来看，会计信息可比性意味着当不同会计主体发生相同或相似的经济业务时会产出相似的会计信息,而当经济业务不同时则会产出具有一定差异的会计信息(袁知柱、吴粒,2012)。因此,更可比的会计信息使得企业内外部财务报告的使用者除了能从本公司取得自身信息之外,还可以从与同行业竞争者的比较分析中取得增量信息。这意味着更可比的会计信息扩大了企业内外部财务报告使用者的信息获取来源,降低了信息获取成本,有助于获取更多决策相关信息。相关实证研究也表明,更可比的会计信息不仅能够提高外部证券分析师盈余预测准确度(DeFranco 等,2011),还能够有效抑制管理者应计盈余管理(胥朝阳、刘睿智,2014),进而改善企业信息透明度,降低企业内外部信息不对称程度。

对外部投资者而言,信息不对称的降低不仅有助于更好地识别企业整体经营状况,获取企业价值相关信息,从而做出更为合理的资金投资决策及报酬率要求,降低逆向选择行为,帮助企业提高外部融资规模以有效应对劳动投资不足;也有助于加强对管理者机会主义劳动投资行为的监督与约束,以切实维护自身利益。对内部管理者而言,信息不对称的降低还能优化其决策信息环境。虽然管理者对企业内部信息具有获取优势,但是行业发展前景、产品与服务市场需求等外部信息也构成高效劳动投资决策的基础(卜君、孙光国,2020)。信息不对称的降低有助于管理者及时获取外部行业与市场信息,通过纵向和横向对比分析,管理者可以发现企业自身在不同期间产品市场需求变化及企业在行业中所处位置、行业未来整体发展趋势等决策相关信息(袁振超、饶品贵,2018),从而强化对公司产品市场未来需求信息的预测与把握,增强劳动投资决策合理性,提高劳动投资效率。

第二,会计信息可比性能够缓解委托代理冲突进而提高企业劳动投资效率。一方面,会计信息可比性的信息溢出效应能够帮助企业内外部财务报告的使用者将公司当前会计信息与自身历史会计信息及同行业竞争者会计信息进行相互比较、分析与鉴别,使得公司内外部利益相关者有了评价管理者行为的标杆,从而能够更好地对管理者的努力程度做出监督与评价,增加管理者通过实施机会主义行为攫取私有收益的边际成本,降低非效率劳动投资意愿。另一方面,会计信息可比性还有助于股东与管理者签订并执行更为高效、合理的薪酬契约，提高管理者薪酬业绩敏感性，增强薪酬契约的激励效应，抑制管理者在劳动投资方面的懈怠行为与自利动机，使得管理者能够在追求企业价值最大化的过程中兼顾自身利益需求（张列柯等，2019；唐雪松等，2019），实现激励相容。总体而言，会计信息可比性能够使公司监督与激励机制得以更有效地运行，协调管理者与公司利益趋于一致，进而缓解代理冲突，降低非效率劳动投资发生概率，提高劳动投资效率。

基于以上分析，提出如下研究假说。

H6－1：更可比的会计信息能够提高企业劳动投资效率。

6.3 研究设计

6.3.1 样本选择与数据来源

本章以2009—2022年中国A股非金融保险行业上市企业作为初选样本，并依次进行了如下样本筛选程序：第一，剔除ST、*ST及PT等非正常交易的样本；第二，剔除员工人数小于30的样本；第三，剔除相关变量数据缺失的样本。经过上述筛选程序，最终得到16839个样本观测值。研究数据主要来自国泰安数据库。为了保证研究结论稳健可靠，笔者不仅对各连续变量在1％与99％分位数上进行了缩尾处理，还将回归标准误在企业层面进行了聚类调整。

6.3.2 主要变量定义

（1）被解释变量：企业劳动投资效率（LIE）

参考Jung等（2014）的做法，笔者首先使用模型（6－1）的回归拟合值来测度企业劳动投资规模的最优值，然后用劳动投资规模的实际值减去最优值之后的差额取绝对值来测度企业劳动投资效率（LIE）。LIE的取值越大，意味着企业劳动投资规模实际值偏离最优值的程度越高，企业劳动投资效率越低。进一步地，笔者还将两者之间大于0和小于0的差值分别取绝对值，并各自定义为劳动投资过度（OverLI）和劳动投资不足（UnderLI）进行检验。

$$\begin{aligned}
\text{Net\_Hire}_{it} = & \alpha_0 + \alpha_1 \text{Growth}_{it} + \alpha_2 \text{Growth}_{it-1} + \alpha_3 \text{ROA}_{it} + \alpha_4 \Delta \text{ROA}_{it} \\
& + \alpha_5 \Delta \text{ROA}_{it-1} + \alpha_6 \text{Return}_{it} + \alpha_7 \text{Size}_{it-1} + \alpha_8 \text{Quick}_{it-1} \\
& + \alpha_9 \Delta \text{Quick}_{it} + \alpha_{10} \Delta \text{Quick}_{it-1} + \alpha_{11} \text{Lev}_{it-1} + \alpha_{12} \text{Lossbin1}_{it-1} \\
& + \alpha_{13} \text{Lossbin2}_{it-1} + \alpha_{14} \text{Lossbin3}_{it-1} + \alpha_{15} \text{Lossbin4}_{it-1} \\
& + \alpha_{16} \text{Lossbin5}_{it-1} + \text{Year} + \text{Industry} + \varepsilon_{it}
\end{aligned} \quad (6-1)$$

在模型（6－1）中，Net_Hire 为企业劳动投资规模，等于员工人数与个股总市值比值的增长率；Growth 为营业收入增长率；ROA、ΔROA 分别为总资产净利率及其变化值；Return 为考虑现金红利再投资的个股年度收益率；Size 为年个股总市值的自然对数；Quick、ΔQuick 分别表示速动比率及其变化值；Lev 为资产负债率；Lossbin1—Lossbin5 为表示企业亏损程度的虚拟变量，依据 ROA 取值大小进行界定。具体而言，当－0.005≤ROA≤0 时，Lossbin1 取 1，否则取 0；当－0.010≤ROA＜－0.005 时，Lossbin2 取 1，否则取 0；Lossbin3、Lossbin4、Lossbin5 的取值方式以此类推；为了控制样本在时间层面可能受到的共同冲击及不同行业特征的影响，模型（6－1）还控制了年份固定效应（Year）与行业固定效应（Industry）。

（2）解释变量：会计信息可比性（AIC）

较高的会计信息可比性意味着在给定相同经济业务的情况下，两家公司能够生成相同或相似的会计信息。基于此，笔者借鉴 De Franco 等（2011）、胥朝阳和刘睿智（2014）的方法，首先，利用公司 i 第 t 年末前连续 16 个季度的数据对模型（6－2）进行回归，估计出对应的参数 β。

$$\text{Earning}_{it} = \beta_0 + \beta_1 \text{Ret}_{it} + \beta_2 \text{Neg}_{it} + \beta_3 \text{Neg}_{it} \times \text{Ret}_{it} + \mu_{it} \quad (6-2)$$

其中，Earning 等于公司季度净利润/季度期初市值；Ret 等于季度股票回报率；Neg 为季度股票回报率是否为负的哑变量，为负取 1，否则取 0。

其次，在上述模型（6－2）估计出的参数 β 的基础上，利用模型（6－3）和（6－4）分别计算出经济业务相同时公司 i 与 j 的盈余预期值。此处，笔者既可以使用公司 i 的股票回报率 Ret_{it} 来进行预测，不失一般性，也可以使用公司 j 的股票回报率 Ret_{jt} 来进行预测。

$$E(Earning)_{iit} = \hat{\beta}_{0it} + \hat{\beta}_{1it} Ret_{it} + \hat{\beta}_{2it} Neg_{it} + \hat{\beta}_{3it} Neg_{it} \times Ret_{it} + \mu_{it} \qquad (6-3)$$

$$E(Earning)_{ijt} = \hat{\beta}_{0jt} + \hat{\beta}_{1jt} Ret_{it} + \hat{\beta}_{2jt} Neg_{it} + \hat{\beta}_{3jt} Neg_{it} \times Ret_{it} + \mu_{it} \qquad (6-4)$$

其中，E（Earnings）$_{iit}$表示根据公司 i 的函数及公司 i 的股票回报率计算得到的公司 i 在 t 期的预期盈余，而 E（Earnings）$_{ijt}$则表示根据公司 j 的函数及公司 i 的股票回报率计算得到的公司 j 在 t 期的预期盈余。

再次，笔者利用模型（6－5）计算公司 i 与 j 的会计信息可比性，并进一步依此原理分别计算出公司 i 与同行业其他公司的会计信息可比性。

$$AIC_{ijt} = -\frac{1}{16} \sum_{t-15}^{t} | E(Earning)_{iit} - E(Earning)_{ijt} | \qquad (6-5)$$

最后，定义公司 i 的会计信息可比性为公司 i 与同行业其他公司会计信息可比性的平均值，具体使用模型（6－6）计算。AIC 越大，会计信息可比性越强。

$$AIC_{it} = -\frac{1}{N-1} \sum_{j=1}^{N(j \ne i)} (AIC_{ijt}) \qquad (6-6)$$

（3）控制变量

参考 Jung 等（2014）的做法，笔者在回归时考虑了一系列可能影响企业劳动投资效率的其他相关因素，具体包括：市值账面比（MB）、企业规模（Size）、速动比率（Quick）、资产负债率（Lev）、固定资产比重（PPE）、是否亏损（Loss）、是否股利支付（Div）、机构投资者持股比例（InsHold）、劳动密集度（Labor）、现金流量波动性（STD_CFO）、营业收入波动性（STD_Sales）、劳动投资波动性（STD_Net_Hire）、资本投资效率（InvEff）。同时，笔者控制了年度（Year）与行业（Industry）固定效应。

各控制变量的定义及计算方式与表 3－1 中一致，此处不再赘述。

6.3.3 模型设定与说明

为了考察会计信息可比性如何影响企业劳动投资效率，笔者建立了多元回归模型（6－7）：

第6章 会计信息可比性与企业劳动投资效率

$$LIE_{it+1} = \gamma_0 + \gamma_1 AIC_{it} + \lambda Controls_{it} + Year + Industry + \mu_{it+1} \quad (6-7)$$

在模型（6－7）中，LIE 为被解释变量，表示企业劳动投资效率；AIC 为解释变量，表示会计信息可比性；Controls 为控制变量；Year 和 Industry 分别为年度与行业固定效应；μ 为残差项。根据研究假说 H6－1，预期 AIC 的系数 γ_1 显著为负。

6.3.4 描述性统计

表 6－1 报告了各变量的描述性统计结果。LIE 的平均值为 0.214，标准差为 0.344，最小值为 0.001，最大值为 7.826，说明不同企业之间的劳动投资效率差别较大。OverLI 和 UnderLI 的样本量占比分别为 35% 和 65%，说明劳动投资不足情况更为普遍，两者平均值分别为 0.287 与 0.180，说明劳动过度投资情况可能更加严重。AIC 的平值均为 －0.013，与中位数 －0.011 基本一致，并且标准差仅有 0.008，说明各公司间的会计信息可比性相对较高。其余各控制变量的描述性统计结果均在合理范围之内。

表 6－1　　　　　　　　　　描述性统计

变量	样本量	平均值	标准差	最小值	中位数	最大值
LIE	16839	0.214	0.344	0.001	0.140	7.826
OverLI	5834	0.287	0.600	0.001	0.131	8.983
UnderLI	11005	0.180	0.151	0.001	0.143	1.107
AIC	16839	－0.013	0.008	－0.078	－0.011	－0.003
MB	16839	2.000	1.304	0.785	1.581	10.569
Size	16839	22.692	1.008	20.683	22.531	26.417
Quick	16839	1.428	1.425	0.122	1.001	9.890
Lev	16839	0.475	0.201	0.067	0.480	0.944
PPE	16839	0.233	0.172	0.001	0.198	0.765
Loss	16839	0.115	0.319	0.000	0.000	1.000
Div	16839	0.695	0.460	0.000	1.000	1.000
Labor	16839	0.068	0.062	0.001	0.052	0.462

续表

变量	样本量	平均值	标准差	最小值	中位数	最大值
InsHold	16839	0.476	0.221	0.003	0.490	0.926
STD_CFO	16839	0.063	0.143	0.001	0.018	1.320
STD_Sales	16839	0.218	0.559	0.002	0.052	5.389
STD_Net_Hire	16839	0.785	1.448	0.117	0.510	23.359
InvEff	16839	0.025	0.026	0.000	0.017	0.173

6.4 实证结果分析

6.4.1 基准回归分析

表6-2列示了会计信息可比性影响企业劳动投资效率的回归结果。第（1）列和第（2）列中AIC的回归系数分别为-1.566和-1.631，均达到了1%的显著性水平，表明无论是否考虑控制变量的影响，更可比的会计信息均能够显著提高企业劳动投资效率。从经济意义上看，基于第（2）列中AIC的回归系数及表6-1中描述性统计结果计算可知，会计信息可比性每提升一个标准差，企业劳动投资效率平均提升约6.10%。这具有较为明显的经济意义。笔者进一步分别以OverLI和UnderLI为被解释变量进行回归，第（3）列中AIC的回归系数为-2.076，在5%的水平上显著；第（4）列中AIC的回归系数为-1.327，在1%的水平上显著。这表明更可比的会计信息既能够抑制企业劳动投资过度，也能够缓解企业劳动投资不足，全面提升企业劳动投资效率。综合上述分析可知，前文研究假说H6-1得到支持。

第6章 会计信息可比性与企业劳动投资效率

表6-2　　　　　　　　　　基准回归分析

变量	(1) LIE	(2) LIE	(3) OverLI	(4) UnderLI
AIC	-1.566***	-1.631***	-2.076**	-1.327***
	(-4.372)	(-4.300)	(-1.971)	(-5.661)
MB		0.014***	0.018***	0.004**
		(6.027)	(3.145)	(2.428)
Size		0.019***	0.030***	0.015***
		(5.052)	(2.851)	(7.147)
Quick		0.005*	0.007	0.007***
		(1.646)	(0.784)	(4.505)
Lev		0.041**	0.092	0.009
		(2.000)	(1.532)	(0.784)
PPE		-0.050***	-0.059	-0.032***
		(-2.918)	(-1.149)	(-3.179)
Loss		0.015	0.003	0.019***
		(1.501)	(0.121)	(3.348)
Div		-0.014*	-0.017	-0.019***
		(-1.689)	(-0.688)	(-4.674)
Labor		-0.522***	-1.589***	0.037
		(-8.306)	(-8.695)	(1.305)
InsHold		-0.029**	-0.061	-0.011
		(-2.003)	(-1.548)	(-1.568)
STD_CFO		-0.084***	-0.230***	-0.023*
		(-3.214)	(-2.729)	(-1.742)
STD_Sales		0.002	0.005	0.004
		(0.323)	(0.241)	(1.257)
STD_Net_Hire		0.002	0.003	0.004***
		(1.273)	(0.465)	(3.425)

续表

变量	(1) LIE	(2) LIE	(3) OverLI	(4) UnderLI
InvEff		0.345***	0.349	0.202***
		(3.122)	(1.180)	(3.496)
_cons	0.201***	−0.206**	−0.262	−0.185***
	(8.293)	(−2.409)	(−1.096)	(−4.048)
Year	控制	控制	控制	控制
Industry	控制	控制	控制	控制
N	16839	16839	5834	11005
adj. R²	0.079	0.093	0.144	0.215

6.4.2 内生性处理

(1) 工具变量法

基准回归的结果表明，更可比的会计信息能够显著提升企业劳动投资效率，但也可能劳动投资效率高的企业会计信息可比性更强。虽然在前述分析中笔者对企业劳动投资效率进行了未来一期处理，能在一定程度上降低互为因果导致的内生性问题影响，但是这并不足以缓解该问题的影响。为此，借鉴李青原和王露萌（2019）的做法，笔者将滞后一期的会计信息可比性（L_AIC）及同年度同行业其他企业会计信息可比性的平均值（AIC_Ind）作为工具变量，进行两阶段最小二乘法（2SLS）回归，表6-3报告了相应的回归结果。第（1）列中L_AIC和AIC_Ind的回归系数均在1%的水平上显著为正，并且Kleibergen-Paap rk Wald F统计量的取值大于16.38，表明不存在弱工具变量问题；Kleibergen-Paap rk LM统计量的取值在1%的水平上显著，表明可以拒绝不可识别假设；Hansen J统计量对应的p值分别为0.970，表明工具变量均满足外生性要求。总体而言，本文工具变量的选择相对有效。第（2）列中AIC的回归系数仍然在5%的水平上显著为负，表明会计信息可比性提升企业劳动投资效率的结论并未发生改变。

第6章 会计信息可比性与企业劳动投资效率

表6—3 工具变量法

变量	(1) AIC	(2) LIE
L_AIC	0.871*** (58.100)	
AIC_Ind	0.431*** (17.763)	
AIC		−1.150** (−2.065)
Controls	控制	控制
_cons	0.004*** (3.104)	−0.231** (−2.411)
Year	控制	控制
Industry	控制	控制
Firm	未控制	未控制
N	13312	13312
adj. R^2	0.807	0.099

(2) 控制企业个体固定效应

企业层面可能存在某些不随时间改变的影响劳动投资效率的因素，并且这些因素通常难以观察和测度，因此在回归分析时可能有所遗漏。为此，笔者在模型（6—7）中进一步控制企业个体固定效应（Firm）进行回归，结果见表6—4第（1）列，AIC的回归系数为−1.116，达到5%的显著性水平，同样表明会计信息可比性能够提升企业劳动投资效率。

(3) 倾向得分匹配法和熵平衡匹配法

会计信息可比性较高的企业与会计信息可比性较低的企业之间可能在财务及治理特征方面存在系统性偏差，进而引发样本自选择问题。倾向得分匹配法和熵平衡匹配法能在一定程度上对此进行缓解。具体来说，笔者将AIC的取值大于年度行业中位数的样本作为处理组，取值为1；将小于年度行业中位数的样本作为对照组，取值为0。在此基础上，笔者对处理组样本采用

1∶1最近邻匹配和熵平衡匹配，协变量包括前述所有控制变量及行业、年份虚拟变量。采用这两种方法进行匹配后，未列示的平衡性检验结果显示，处理组和对照组之间的系统性差异均不再明显，具有较好的匹配效果。表6-4第（2）列和第（3）列分别为使用倾向得分匹配法和熵平衡匹配法进行匹配后所得样本的回归结果。观察发现，无论是进行倾向得分匹配，还是进行熵平衡匹配，AIC的回归系数至少在5%水平上显著为负，仍然支持会计信息可比性对企业劳动投资效率具有提升效应。

表6-4　　　　　　　　其他内生性处理

变量	(1) LIE	(2) LIE	(3) LIE
AIC	-1.116** (-2.000)	-1.381** (-2.495)	-1.737*** (-3.124)
Controls	控制	控制	控制
_cons	0.205 (0.901)	-0.368*** (-2.624)	-0.260** (-2.158)
Year	控制	控制	控制
Industry	控制	控制	控制
Firm	控制	未控制	未控制
N	16839	7871	16839
adj. R^2	0.103	0.091	0.099

6.4.3 稳健性检验

（1）替换会计信息可比性衡量指标

借鉴De Franco等（2011）、江轩宇等（2017）及李青原和王露萌（2019）的做法，笔者使用公司i与同行业其他公司会计信息可比性的中位数（AIC_median）及将前述模型（6-5）计算的AIC_{ijt}从大到小排序，分别取前4个值和前10个值的平均值（AIC_4、AIC_10）来分别重新测度会计信息可比性并再次进行回归。结果如表6-5所示，AIC_median、

AIC_4及AIC_10的回归系数均在5%的水平上显著为负,表明会计信息可比性衡量指标的变化不会影响其对企业劳动投资效率的积极影响。

表6-5　　　　　　　　　替换会计信息可比性衡量指标

变量	(1) LIE	(2) LIE	(3) LIE
AIC_median	-1.688** (-2.369)		
AIC_4		-2.860** (-2.013)	
AIC_10			-2.457** (-2.056)
Controls	控制	控制	控制
_cons	-0.205** (-2.381)	-0.205** (-2.374)	-0.206** (-2.381)
Year	控制	控制	控制
Industry	控制	控制	控制
N	16839	16839	16839
adj. R^2	0.093	0.094	0.094

(2) 替换劳动投资效率衡量指标

为了避免劳动投资效率度量方式对基准回归结果的影响,参考Jung等(2014)、孔东民等(2017)的做法,笔者以企业劳动投资规模(Net_Hire)的年度行业中位数为最优投资规模标准,将企业实际劳动投资规模与该中位数的差额取绝对值作为劳动投资效率新的衡量指标(LIE2),LIE2取值越小,企业劳动投资效率越高。笔者将重新界定的劳动投资效率指标(LIE2)作为被解释变量再次进行回归,结果见表6-6第(1)列,AIC的回归系数在1%的水平上显著为负,表明基准回归分析结论依然成立。

(3) 考虑管理者能力的影响

Jung等(2014)指出,管理者能力可能会同时影响企业劳动投资效率及会计信息可比性,从而引发遗漏变量问题。为了进一步控制该因素的影响,笔者使用Demerjian等（2012）提出的数据包络分析方法构建管理者能力指标（MAbility）并将其加入模型（6－7）中再次进行回归，结果见表6－6第（2）列，在考虑管理者能力的影响之后，AIC的回归系数仍然在1％的水平上显著为负，表明前文结论没有发生变化。

表6－6　　替换劳动投资效率衡量指标与考虑管理者能力的影响

变量	(1) LIE2	(2) LIE
AIC	－1.958*** (－4.426)	－1.510*** (－3.771)
MAbility		－0.007 (－0.413)
Controls	控制	控制
_cons	－0.407*** (－4.199)	－0.226*** (－2.601)
Year	控制	控制
Industry	控制	控制
N	16839	15044
adj. R^2	0.057	0.094

6.5　作用机制检验

理论分析认为，更可比的会计信息能够降低企业内外部信息不对称，在缓解外部投资者逆向选择及管理者道德风险的同时，也有助于优化管理者的决策信息环境。此外，更可比的会计信息还能够强化利益相关主体对管理者的监督与激励、缓解委托代理冲突，从而提升企业劳动投资效率。为了对此进行检验，笔者使用中介效应逐步分析法，在模型（6－7）的基础上进一步构建模型（6－8）和模型（6－9），从信息不对称及委托代理冲突两个方面检验会计信息可比性提升劳动投资效率的作用机制。

第 6 章　会计信息可比性与企业劳动投资效率

$$M_{it} = \delta_0 + \delta_1 AIC_{it} + \lambda Controls_{it} + Year + Industry + \mu_{it} \quad (6-8)$$

$$LIE_{it+1} = \varphi_0 + \varphi_1 AIC_{it} + \varphi_2 M_{it} + \lambda Controls_{it} + Year + Industry + \mu_{it+1}$$

$$(6-9)$$

在模型（6-8）和模型（6-9）中，M 表示中介变量，包括信息不对称（AbsACC）与委托代理冲突（AC）两个指标。对于信息不对称，笔者使用基于修正琼斯模型计算的操控性应计利润的绝对值来衡量，该值越大，表示企业内外部信息不对称程度越高。对于委托代理冲突，笔者参考申丹琳和江轩宇（2022）的做法，使用管理费用与营业收入的比值，即管理费用率，来衡量委托代理冲突，管理费用率越高，委托代理冲突越严重。其余变量与模型（6-7）中一致。

表 6-7 第（1）列和第（2）列是信息不对称作用机制的回归结果。第（1）列中 AIC 的回归系数显著为负，说明会计信息可比性能够显著降低企业内外部信息不对称。第（2）列中 AbsACC 的回归系数显著为正，且 AIC 的回归系数显著为负，说明信息不对称会显著降低企业劳动投资效率，在考虑信息不对称的影响后，会计信息可比性仍然能够有效提升企业劳动投资效率，验证了信息不对称的部分中介效应。

表 6-7 第（3）列和第（4）列是委托代理冲突作用机制的回归结果。第（3）列中 AIC 与 AC 显著负相关，说明会计信息可比性能够有效降低委托代理冲突。第（4）列中 AC 的回归系数显著为正，且 AIC 的回归系数显著为负，说明委托代理冲突显著降低了企业劳动投资效率，在控制委托代理冲突的影响效应之后，会计信息可比性仍然能够显著提高企业劳动投资效率，验证了委托代理冲突的部分中介效应。

为了确保上述结论稳健可靠，笔者还进行了 Sobel 检验和 Bootstrap 检验。Sobel 检验 Z 统计量的取值分别为 -2.324 和 -2.511，均在 5% 的水平上显著。1000 次的 Bootstrap 检验也显示，AbsACC 的间接效应显著，95% 的置信区间为 [-0.2074573, -0.0054848]，不包含 0 值；AC 的间接效应显著，95% 的置信区间为 [0.0001657, 0.0009304]，不包含 0 值。这些结果与逐步分析法的结论保持一致。

综上所述，会计信息可比性能够通过降低企业内外部信息不对称、缓解委托代理冲突等途径提高企业劳动投资效率。

表 6—7　　　　　　　　　　　　作用机制检验

变量	(1) AbsACC	(2) LIE	(3) AC	(4) LIE
AIC	−0.932***	−1.544***	−1.008**	−1.590***
	(−9.253)	(−3.987)	(−2.098)	(−4.187)
AbsACC		0.111*		
		(1.917)		
AC				0.040**
				(2.466)
Controls	控制	控制	控制	控制
_cons	0.077***	−0.192**	0.463***	−0.225***
	(3.944)	(−2.260)	(6.535)	(−2.624)
Year	控制	控制	控制	控制
Industry	控制	控制	控制	控制
N	16706	16706	16839	16839
adj. R^2	0.112	0.093	0.049	0.093

6.6　异质性分析

已有研究表明，良好的内外部治理机制有助于改善企业信息透明度、缓解委托代理冲突，进而显著提升企业劳动投资效率（Ghaly 等，2020；Sualihu 等，2021；李小荣等，2021）。前述实证结果表明，会计信息可比性也能够通过降低信息不对称、缓解委托代理冲突等途径提高企业劳动投资效率。那么，会计信息可比性这种功能效用的发挥是否会受到公司内外部治理机制有效性的影响？结合已有研究，本章进一步从内部控制质量、审计质量、证券分析师关注度等内外部治理机制入手，考察会计信息可比性影响劳动投资效率的情景因素。

6.6.1 内部控制质量的影响

内部控制是规范企业及管理者行为、保护利益相关者权益的重要制度安排。已有研究证实了高质量内部控制对企业劳动投资效率的积极影响。李小荣等（2021）发现，高质量内部控制能够有效提升企业信息透明度并缓解委托代理冲突，进而提高企业劳动投资效率。喻彪和杨刚（2022）则从内控缺陷视角研究发现，内部控制重大缺陷通过加剧信息不对称及第二类委托代理问题，会显著降低企业劳动投资效率。Cao等（2024）的研究也表明，存在内部控制重大缺陷的企业劳动投资效率更低，并且内部控制重大缺陷修正有助于企业劳动投资效率的提高。一方面，高质量内部控制对企业劳动投资效率的积极影响会减少会计信息可比性提升劳动投资效率的空间及削弱其效果，从而使得这一效应在内部控制质量较低的企业中更明显。另一方面，高质量内部控制也能够确保公司对会计准则的高效执行，减少会计选择的不确定性，规范企业财务信息的加工规则，从而增强会计信息可比性（梅丹，2017；张先治等，2018），为会计信息可比性提升劳动投资效率提供制度保障。因此，会计信息可比性提升劳动投资效率也可能在内部控制质量较高的企业中更为明显。

为了检验该问题，笔者以深圳迪博公司开发的内部控制指数来衡量企业内部控制质量（ICQ），并按其年度行业中位数将全部样本划分为内部控制质量较高（ICQ_D=1）和内部控制质量较低（ICQ_D=0）两组进行回归。表6－8的回归结果显示，AIC的回归系数仅在内部控制质量较低的组别中显著为负，而在内部控制质量较高的组别中不显著，说明高质量内部控制对企业劳动投资效率的积极影响会弱化会计信息可比性功能效用的发挥，使其只有在内部控制质量较低时才能有效提升企业劳动投资效率。

表 6－8　　　　　　　　　内部控制质量的影响

变量	(1) ICQ_D=1 LIE	(2) ICQ_D=0 LIE
AIC	−0.680 (−1.180)	−2.208*** (−4.257)
Controls	控制	控制
_cons	−0.321*** (−2.798)	−0.133 (−1.153)
Year	控制	控制
Industry	控制	控制
N	8343	8467
adj. R²	0.089	0.098

6.6.2 外部审计质量的影响

高质量审计监督能够有效改善企业会计信息质量并抑制管理者自利行为，降低委托代理冲突（杨德明等，2009），增强管理者劳动投资决策有效性，从而有助于提高企业劳动投资效率。虽然这会降低会计信息可比性对劳动投资效率的提升空间。但是高质量审计监督也是会计信息质量的重要保障机制，它能够引导和监督管理者遵守并执行会计准则，从而提高会计信息的可比性。Francis 等（2014）认为，公司聘请国际"四大"会计师事务所进行审计能够通过准确评估公司会计政策选择的合理性，确保会计准则的执行效果，促使管理者披露更具可比性的会计信息，从而有助于强化会计信息可比性提升劳动投资效率的效应。

已有研究表明，国际"四大"会计师事务所的独立性和专业胜任能力相对更强，能够提供更高质量的审计服务（赵秉艳、张龙平，2017）。基于此，笔者按照样本公司是否经由国际"四大"会计师事务所审计，将其区分为外部审计质量较高（Big4=1）和外部审计质量较低（Big4=0）两组进行回归。表 6-9 的回归结果显示，当外部审计质量较高时，AIC 的回归系数不显著；而当外部审计质量较低时，AIC 的回归系数在 1% 的水平上显著为负。这说明会计信息可比性提升企业劳动投资效率的效应在外部审计质量较低时更加显著。

表 6-9   外部审计质量的影响

变量	(1) Big4=1 LIE	(2) Big4=0 LIE
AIC	0.184 (0.139)	-1.827*** (-4.586)
Controls	控制	控制
_cons	-0.161 (-0.663)	-0.235*** (-2.585)
Year	控制	控制
Industry	控制	控制
N	1256	15583
adj. R^2	0.069	0.094

6.6.3 证券分析师关注度的影响

作为资本市场重要的信息中介与治理主体，证券分析师通过收集、挖掘并发布企业各类特质信息，能够有效降低企业内外部信息不对称程度、缓解企业融资约束和委托代理冲突，从而提升企业劳动投资效率（陈婧等，2018；Mo & Lee，2019；Lee & Mo，2020；Sualihu 等，2021）。同时，证券分析师作为信息中介，能够将外部投资者关于企业发展前景等方面的市场信息通过价格发现机制反馈给管理者，从而改善管理者的决策信息集。这有助于管理者做出更为合理的劳动投资决策，提升劳动投资效率。因此，当证券分析师关注度较高时，企业内外部信息环境较好且委托代理冲突较低，劳动投资效率会相对更高，会计信息可比性提高劳动投资效率的空间会相对较小。

基于此，笔者以年度内对公司进行过跟踪的证券分析师个体及团队数量衡量证券分析师关注度（Analyst），按其年度行业中位数将全部样本划分为证券分析师关注度较高（Analyst_D＝1）和证券分析师关注度较低（Analyst_D＝0）两组进行回归。表6－10的回归结果显示，无论是证券分析师关注度较高还是较低，AIC的回归系数都显著为负。但是当证券分析师关注度较高时AIC的回归系数大小（取绝对值）及显著性水平均低于证券分析师关注度较低时AIC的回归系数。这说明会计信息可比性提升企业劳动投资效率的效应在证券分析师关注度较低时更加明显。

表6－10　　　　　　　　　　分析师关注度的影响

变量	(1) Analyst_D＝1 LIE	(2) Analyst_D＝0 LIE
AIC	－1.247* （－1.722）	－2.190** （－2.532）
Controls	控制	控制
_cons	－0.081 （－0.423）	－0.123 （－0.589）
Year	控制	控制
Industry	控制	控制
N	5651	6199
adj. R^2	0.090	0.087

6.7　本章小结

笔者从可比性这一重要会计信息质量维度入手，基于2009—2022年沪深非金融类A股上市公司的相关数据，考察了其对企业劳动投资效率的影响效应及作用机制。研究结果表明：第一，更可比的会计信息既能够抑制劳动投资过度，也能够缓解劳动投资不足，从而全面提升企业劳动投资效率。第二，作用机制检验表明，会计信息可比性主要通过降低企业内外部信息不对称、缓解委托代理冲突等途径提高企业劳动投资效率。第三，在考虑与其他内外部治理机制的协同效应后笔者还发现，会计信息可比性提高劳动投资效率在企业内部控制质量较低、非国际"四大"会计师事务所审计及证券分析师关注度较低的情况下更明显。

本章的边际贡献主要体现在：第一，笔者将会计信息可比性对企业资源配置决策的影响由资本投资、创新投资、并购投资等领域拓展到劳动投资，充实了会计信息可比性经济后果的相关研究；同时，笔者将会计信息质量特征对劳动投资效率的影响由可靠性、稳健性等方面拓展到可比性，也丰富了劳动投资效率影响因素的相关研究。第二，基于会计信息可比性的信息优化功能与监督治理功能，笔者从信息不对称及委托代理冲突两个方面，考察了会计信息可比性影响劳动投资效率的作用机制。这有助于深入认知和理解会计信息可比性的功能效应及企业劳动投资行为。第三，笔者进一步从公司内外部治理机制出发，考察会计信息可比性对劳动投资效率影响的情景机制。这有助于识别会计信息可比性与其他公司治理机制之间的协同治理效应，对上市公司加强治理体系建设、保护投资者利益具有参考价值。

第 7 章　审计师行业专长与企业劳动投资效率

7.1　引言

外部审计师是资本市场中最为重要的监督治理主体之一。行业专长是审计师专业胜任能力的主要表征，与审计师独立性共同决定着审计质量的高低 (DeAngelo, 1981; DeFond & Zhang, 2014)。早期关于审计师行业专长的研究主要集中在对其外部监督治理效应的多维检验与考察。现有文献普遍认为，常年经验积累及大量专业化投资使得行业专长审计师具备更强的专业胜任能力，在声誉激励与竞争需求的激励下，能够提供更高质量的外部监督治理服务 (Solomon 等, 1999; Dunn & Mayhew, 2004)，有助于弱化企业内外部信息不对称程度、约束内部人的机会主义行为，从而降低企业权益融资成本 (郝东洋、王静, 2015)、增加债务融资规模 (李明辉、刘力涵, 2016)、抑制成本费用黏性 (宋常等, 2016)、提升现金持有价值 (袁卫秋、李萍, 2016)、促进企业创新 (伍伦, 2024) 等，对企业高质量发展具有重要影响。

近年来，关于审计师行业专长经济效应的相关研究获得了进一步拓展。一部分学者逐渐认识到，作为客户企业管理者获取决策信息的重要来源之一，行业专长审计师常年在特定领域积累的信息与经验对管理者的各项决策而言具有重要增量价值，即其具有信息优化功能。Bae 等 (2017) 指出，行业专长审计师在正式审计服务合同之外，通过非正式交流沟通可以为管理者提供增量决策信息，这降低了管理者决策信息的不确定性。基于此，他们发现行业专长审计师提供的增量决策信息更具价值相关性,能够显著改善企业资本投资效率。赵艺和倪古强(2020)以中国上市公司为研究对象,也从资本投资效率角度检验了行业专长审计师的信息优化功能,进一步印证了Bae等(2017)的观点。李姝等(2021)还发现行业专长审计师能够优化管理者的创新决策信息环境,进而促进客户创新投资,提升客户创新效率。

从上述文献中可以发现,审计师行业专长的经济效应受到了学者们的广泛关注,相关研究领域也在不断拓展。通过发挥外部监督治理功能与信息优化功能,行业专长审计师能够有效降低企业内外部信息不对称及管理者决策信息不确定性,从而对企业经营管理产生积极影响。然而,劳动投资效率作为影响企业绩效和价值的重要因素之一,却鲜有研究就行业专长审计师的影响效应展开分析并给出相应经验证据。有鉴于此,本章以中国沪深A股上市公司为研究对象,从信息不对称与信息不确定性视角来考察审计师行业专长对企业劳动投资效率的影响效应及作用机理。

7.2 理论分析与研究假说

已有文献表明,企业内外部信息不对称及决策信息不确定性会引发管理者次优劳动投资决策,从而降低企业劳动投资效率(Jung等,2014;Habib & Hasan,2021)。因此,降低企业内外部信息不对称与管理者决策信息不确定性是提高企业劳动投资效率的关键。行业专长审计师作为公司重要的外部治理机制及管理者获取决策信息的重要来源,凭借特定行业执业经验积累与大量专业化投资,能够更好地发挥外部监督治理功能及信息优化功能,降低信息不对称与信息不确定性,改善企业劳动投资效率。

具体而言,一方面,行业专长审计师通过更好地发挥外部监督治理功能降低信息不对称导致的非效率劳动投资。审计师行业专长形成于常年在特定行业领域执业的经验积累与大量的专业化投资。行业专长审计师具有更强的能力和动力,能够发挥监督治理优势。就监督治理能力而言,常年经验积累使得行业专长审计师拥有丰富的特定行业专有知识与专业技能,对客户及所在行业的生产经营活动特点、业务交易规则、行业竞争状况与发展趋势、行业通用政策法规等都有着更为深入的理解和把握，能够更为高效地识别客户风险点并有针对性地制订和实施审计计划，从而降低财务报告重大错报风险（蔡春、鲜文铎，2007）。就监督治理动力而言，大量专业化投资使行业专长审计师会因审计失败而丧失更多客户准租金，承担更为严重的声誉损失，因此其会更好地行使外部监督治理职责。已有研究发现，行业专长审计师能够显著提升财务报告可靠性（Balsam 等，2003；Krishnan，2003；范经华等，2013）、稳健性（梅丹、高强，2016）及可比性（谢盛纹、王清，2016；刘杨晖，2018），能够促进公司披露更多或有事项等特质信息（张婷、张敦力，2019），改善公司信息披露质量。信息披露质量的改善意味着公司内外部信息不对称程度的降低。这不仅有助于缓解逆向选择造成的劳动融资约束，使得公司能够提高外部融资规模，有效应对劳动投资不足；也有助于外部利益相关者加强对管理者机会主义劳动投资行为的监督与约束，提高劳动投资效率。

另一方面，行业专长审计师通过更好地发挥信息优化功能降低信息不确定性导致的非效率劳动投资。高效率劳动投资需要良好信息环境作为支撑。在信息不确定的情况下，较高的信息获取成本与较低的信息质量会激励管理者进一步从多种渠道搜集具有价值相关性的增量决策信息。行业专长审计师是管理者获取决策所需外部信息的重要来源，可以满足其对劳动投资决策增量信息的需求（Bae 等，2017；赵艺、倪古强，2020；李姝等，2021）。从信息供给能力上看，行业专长审计师长年深耕于特定行业领域，拥有更多公开与非公开的关于企业及所在行业发展前景、成长趋势等方面的信息，能够在管理者进行劳动投资决策时，提供决策所必需的高质量基础信息与资深见解。从信息供给动力上看，审计服务具有商品属性，激烈的审计市场竞争会使行业专长审计师为了保留或发展客户，在不违背职业道德前提下，努力表现出自身专业知识与信息优势，他们会通过正式与非正式的交流沟通为客户劳动投资决策提供更具价值的增量信息（李姝等，2021）。增量决策信息的有效供给有助于降低管理者信息搜集与整合成本，能够强化管理者对企业发展前景、行业成长趋势、宏观经济运行态势等内外部环境的认知，从而改善决策信息的不确定性。这使得管理者能够更为有效地识别劳动投资机会、预测劳动投资需求，进而增强劳动投资决策有效性，提升企业劳动投资效率。

基于上述分析，提出如下研究假说。

H7－1：行业专长审计师能够显著提升企业劳动投资效率。

7.3 研究设计

7.3.1 样本选择与数据来源

本章以 2009—2022 年中国 A 股非金融保险行业上市企业作为初选样本，并依次进行了如下样本筛选程序：首先，剔除 ST、＊ST 及 PT 等非正常交易的样本；其次，剔除员工人数小于 30 的样本；再次，剔除分年份分行业中会计师事务所数量少于 5 个的样本（蔡春、鲜文铎，2007）；最后，剔除相关变量数据缺失的样本。经过上述筛选程序，最终得到 25807 个样本观测值。研究数据主要来自国泰安数据库、迪博内部控制与风险管理数据库和中国分省份市场化指数数据库。为了保证研究结论稳健可靠，笔者不仅对各连续变量在 1％与 99％分位数上进行了缩尾处理，还将回归标准误在企业层面进行了聚类调整。

7.3.2 主要变量定义

（1）被解释变量：企业劳动投资效率（LIE）

参考 Jung 等（2014）的做法，笔者首先使用模型（7－1）的回归拟合值来测度企业劳动投资规模的最优值，然后用劳动投资规模的实际值减去最优值之后的差额取绝对值来测度企业劳动投资效率（LIE）。LIE 的取值越大，意味着企业劳动投资规模实际值偏离最优值的程度越高，企业劳动投资效率越低。进一步地，笔者还将两者之间大于 0 和小于 0 的差值分别取绝对值，并各自定义为劳动投资过度（OverLI）和劳动投资不足（UnderLI）进行检验。

$$\begin{aligned} Net\_Hire_{it} = &\ \alpha_0 + \alpha_1 Growth_{it} + \alpha_2 Growth_{it-1} + \alpha_3 ROA_{it} + \alpha_4 \Delta ROA_{it} \\ &+ \alpha_5 \Delta ROA_{it-1} + \alpha_6 Return_{it} + \alpha_7 SizeR_{it-1} + \alpha_8 Quick_{it-1} \\ &+ \alpha_9 \Delta Quick_{it} + \alpha_{10} \Delta Quick_{it-1} + \alpha_{11} Lev_{it-1} + \alpha_{12} Lossbin1_{it-1} \\ &+ \alpha_{13} Lossbin2_{it-1} + \alpha_{14} Lossbin3_{it-1} + \alpha_{15} Lossbin4_{it-1} \\ &+ \alpha_{16} Lossbin5_{it-1} + Year + Industry + \varepsilon_{it} \end{aligned} \quad (7-1)$$

在模型（7-1）中，Net_Hire 为企业劳动投资规模，等于员工人数与个股总市值比值的增长率；Growth 为营业收入增长率；ROA、ΔROA 分别为总资产净利率及其变化值；Return 为考虑现金红利再投资的个股年度收益率；Size 为年个股总市值的自然对数；Quick、ΔQuick 分别表示速动比率及其变化值；Lev 为资产负债率；Lossbin1—Lossbin5 为表示企业亏损程度的虚拟变量，依据 ROA 取值大小进行界定。具体而言，当 $-0.005 \leqslant ROA \leqslant 0$ 时，Lossbin1 取 1，否则取 0；当 $-0.010 \leqslant ROA < -0.005$ 时，Lossbin2 取 1，否则取 0；Lossbin3、Lossbin4、Lossbin5 的取值方式以此类推；为了控制样本在时间层面可能受到的共同冲击及不同行业特征的影响，模型（7-1）还控制了年份固定效应（Year）与行业固定效应（Industry）。

（2）解释变量：审计师行业专长（Spec）

刘文军等（2010）研究发现，使用行业市场份额法计算审计师行业专长在我国审计市场中具有更强的适用性。因此，本章采用行业市场份额法来计算审计师行业专长，具体计算公式如模型（7-2）所示。

$$MSA_{ik} = \sum_{j=1}^{J} Asset_{ikj} / \sum_{k=1}^{K} \sum_{j=1}^{J} Asset_{ijk} \quad (7-2)$$

在模型（7-2）中，MSA 是基于客户资产总额计算的审计师行业市场份额，该值越大，表示审计师行业专长水平越高。同时，笔者参照蔡春和鲜文铎（2007）的取值标准，设置了审计师行业专长虚拟变量 MSA_D，当审计师行业市场份额 MSA 大于等于 10% 时，MSA_D 取值为 1，界定为行业专长审计师；否则 MSA_D 取值为 0，为非行业专长审计师。

(3) 控制变量

参考 Jung 等（2014）的做法，笔者在回归时考虑了一系列可能影响企业劳动投资效率的其他相关因素，具体包括：市值账面比（MB）、企业规模（Size）、速动比率（Quick）、资产负债率（Lev）、固定资产比重（PPE）、是否亏损（Loss）、是否股利支付（Div）、机构投资者持股比例（InsHold）、劳动密集度（Labor）、现金流量波动性（STD_CFO）、营业收入波动性（STD_Sales）、劳动投资波动性（STD_Net_Hire）、资本投资效率（InvEff）。同时，笔者控制了年度（Year）与行业（Industry）固定效应。

各变量的定义及计算方式与表 3-1 中一致，此处不再赘述。

7.3.3 模型设定与说明

参考 Jung 等（2014）的研究，笔者建立了回归模型（7-3）以检验前述研究假说。

$$LIE_{it} = \beta_0 + \beta_1 Spec_{it} + \lambda Controls_{it} + Year + Industry + \mu_{it} \quad (7-3)$$

在模型（7-3）中，LIE 为企业劳动投资效率；Spec 为审计师行业专长，包括 MSA 和 MSA_D 两个指标；Controls 为控制变量；Year 和 Industry 分别为年份与行业固定效应；μ 为残差项。根据研究假说 H7-1，预期 Spec 的系数 β_1 显著为负。

7.3.4 描述性统计

表 7-1 报告了各变量的描述性统计结果。LIE 的平均值为 0.236，标准差为 0.389，最小值为 0.001，最大值为 8.861，说明不同企业之间劳动投资效率差别较大。OverLI 和 UnderLI 的样本量占比分别为 36% 和 64%，说明劳动投资不足情况更为普遍；两者平均值分别为 0.318 与 0.191，说明劳动过度投资情况可能更加严重。MSA 的平均值为 0.060，说明会计师事务所平均行业市场份额为 6.0%。MSA_D 的平均值为 0.189，说明样本中行业专长审计师占比约为 18.9%。总体来看，我国审计市场的行业专业化程度相对较低，还需进一步加强对审计师行业专长的积极培育。其余各控制变量

的统计结果均在合理范围之内。

表 7-1　　　　　　　　　　描述性统计

变量	样本量	平均值	标准差	最小值	中位数	最大值
LIE	25807	0.236	0.389	0.001	0.149	8.861
OverLI	9425	0.318	0.617	0.001	0.148	9.066
UnderLI	16382	0.191	0.165	0.002	0.149	1.226
MSA	25807	0.060	0.056	0.001	0.046	0.317
MSA_D	25807	0.189	0.391	0.000	0.000	1.000
MB	25807	2.035	1.409	0.783	1.593	16.647
Size	25807	22.689	0.979	20.634	22.539	26.190
Quick	25807	1.450	1.416	0.122	1.027	11.088
Lev	25807	0.473	0.202	0.063	0.475	0.952
PPE	25807	0.222	0.169	0.001	0.186	0.772
Loss	25807	0.147	0.354	0.000	0.000	1.000
Div	25807	0.646	0.478	0.000	1.000	1.000
InsHold	25807	0.460	0.225	0.002	0.474	0.918
Labor	25807	0.064	0.058	0.002	0.049	0.458
STD_CFO	25807	0.059	0.134	0.001	0.018	1.236
STD_Sales	25807	0.219	0.561	0.002	0.052	5.304
STD_Net_Hire	25807	0.761	1.417	0.117	0.502	23.366
InvEff	25807	0.026	0.028	0.000	0.017	0.206

7.4 实证结果分析

7.4.1 基准回归分析

表 7-2 报告了审计师行业专长影响企业劳动投资效率的回归结果。第 (1) 列中 MSA 的回归系数为 -0.115，在 1% 的水平上显著；第 (2) 列中 MSA_D 的回归系数为 -0.013，在 5% 的水平上显著。这表明无论是以连

第7章 审计师行业专长与企业劳动投资效率

续变量还是以虚拟变量来衡量审计师行业专长,审计师行业专长均能有效提高企业劳动投资效率。

表7-2 基准回归分析

变量	(1) LIE	(2) LIE
MSA	-0.115*** (-2.992)	
MSA_D		-0.013** (-2.225)
MB	0.008*** (4.368)	0.008*** (4.452)
Size	0.025*** (7.956)	0.024*** (7.808)
Quick	0.001 (0.403)	0.001 (0.388)
Lev	0.017 (1.039)	0.017 (1.028)
PPE	-0.111*** (-7.235)	-0.112*** (-7.302)
Loss	0.008 (1.032)	0.008 (1.046)
Div	-0.044*** (-6.457)	-0.045*** (-6.505)
InsHold	0.006 (0.540)	0.006 (0.549)
Labor	-0.127** (-2.537)	-0.128** (-2.559)
STD_CFO	-0.101*** (-4.153)	-0.103*** (-4.240)

续表

变量	(1) LIE	(2) LIE
STD_Sales	0.012** (2.081)	0.012** (2.059)
STD_Net_Hire	0.067*** (9.628)	0.067*** (9.628)
InvEff	0.899*** (8.646)	0.899*** (8.653)
_cons	−0.386*** (−5.678)	−0.381*** (−5.598)
Year	控制	控制
Industry	控制	控制
N	25807	25807
adj. R^2	0.139	0.139

笔者进一步分别以 OverLI 和 UnderLI 为被解释变量再次对模型（7-3）进行回归，相应的结果见表7-3。除第（2）列中 MSA_D 的回归系数未通过显著性检验以外，其余各列中 MSA 及 MSA_D 的回归系数均至少在5%的水平上显著为负。这说明审计师行业专长能够有效抑制企业劳动投资过度与劳动投资不足，提高劳动投资效率。

综合上述分析可知，行业专长审计师能够显著提升企业劳动投资效率，前述研究假说 H7-1 得到支持。

第 7 章　审计师行业专长与企业劳动投资效率

表 7-3　　　　　区分劳动投资过度与劳动投资不足

变量	(1) OverLI	(2) OverLI	(3) UnderLI	(4) UnderLI
MSA	-0.213** (-2.167)		-0.061*** (-2.703)	
MSA_D		-0.015 (-0.996)		-0.007** (-2.056)
Controls	控制	控制	控制	控制
_cons	-0.707*** (-4.332)	-0.695*** (-4.238)	-0.321*** (-7.288)	-0.318*** (-7.227)
Year	控制	控制	控制	控制
Industry	控制	控制	控制	控制
N	9425	9425	16382	16382
adj. R^2	0.287	0.287	0.216	0.216

7.4.2　内生性处理

(1) 倾向得分匹配法和熵平衡匹配法

选聘行业专长审计师进行审计的企业与选聘非行业专长审计师进行审计的企业之间可能在财务及治理特征方面存在系统性偏差，进而引发样本自选择问题。为此，笔者使用倾向得分匹配法和熵平衡匹配法对此进行缓解。笔者不仅以 MSA_D=1 的样本为处理组，MSA_D=0 的样本为对照组，将基准回归中的所有控制变量作为协变量进行 1∶4 匹配，以最小化均方误差（Abadie 等，2004）；还进行了熵平衡法匹配。采用这两种方法进行匹配后，未列示的平衡性检验结果显示，处理组和对照组之间的系统性差异均不再明显，具有较好的匹配效果。表 7-4 第（1）列和第（2）列为使用倾向得分匹配法进行匹配后所得样本的回归结果，第（3）列和第（4）列为使用熵平衡匹配法进行匹配后所得样本的回归结果。观察发现，MSA 和 MSA_D 的回归系数均至少在 10% 水平上显著为负，仍然表明行业专长审计师能够有效提升企业劳动投资效率。

表 7—4　　　　　　　倾向得分匹配法和熵平衡匹配法

变量	(1) LIE	(2) LIE	(3) LIE	(4) LIE
MSA	−0.141*** (−2.982)		−0.118*** (−2.712)	
MSA_D		−0.014** (−2.234)		−0.011* (−1.714)
Controls	控制	控制	控制	控制
_cons	−0.458*** (−4.484)	−0.452*** (−4.426)	−0.426*** (−4.561)	−0.425*** (−4.566)
Year	控制	控制	控制	控制
Industry	控制	控制	控制	控制
N	14226	14226	25807	25807
adj. R^2	0.131	0.131	0.124	0.124

(2) Heckman 两阶段法

企业对行业专长审计师的选聘可能并非随机的，第一类委托代理冲突较低、劳动投资效率较高的企业可能更倾向于选聘行业专长审计师进行审计。因为研究结论还可能受到样本选择偏差问题的干扰，所以笔者使用 Heckman 两阶段法对此进行修正。首先，笔者参考陈小林等（2013）的做法，第一阶段在前述所有控制变量的基础上额外选取会计师事务所规模（Big10，以中国注册会计师协会公布的历年《会计师事务所综合评价百家排名信息》为标准，若公司选聘的会计师事务所排名前十，则 Big10 取值为 1，否则取值为 0）、取自然对数后注册会计师人数（lnCPA）等变量进行 Probit 回归。未列示的第一阶段回归结果显示，Big10 与 lnCPA 的回归系数分别为 0.530 和 1.245，且均在 1% 的水平上显著，表明两者与审计师行业专长存在显著的正向关联。随后，笔者将根据第一阶段回归结果计算得出的逆米尔斯比率（IMR）带入模型（7—3）进行第二阶段回归。表 7—5 第

(1) 列和第 (2) 列的结果显示，IMR 的回归系数均不显著，表明样本不存在明显的选择偏差问题，MSA 及 MSA_D 的回归系数仍然均显著为负，支持前文结论。

(3) 考虑审计师变更的影响

如果行业专长审计师真的能够提高企业劳动投资效率，那么当公司选聘的审计师由非行业专长审计师变更为行业专长审计师之后，企业劳动投资效率应当有所提升。为此，笔者参考郭照蕊和黄俊（2020）的做法，将研究对象聚焦于审计师发生变更的样本公司。笔者首先设定两个虚拟变量：一是 DLIE，当公司劳动投资效率较前一年有所提升时，DLIE 取值为 1，否则取值为 0；二是 DSpec，当公司选聘的审计师由不具有行业专长变更为具有行业专长时，DSpec 取值为 1，否则取值为 0。然后笔者再以 DLIE 作为被解释变量、以 DSpec 作为解释变量进行 Probit 回归。表 7-5 第（3）列的结果显示，DSpec 的回归系数在 10% 的水平上显著为正，再次验证了研究假说 H7-1。

表 7-5　　　　　　　　　　其他内生性处理

变量	(1) LIE	(2) LIE	(3) DLIE
MSA	−0.124** (−2.535)		
MSA_D		−0.011* (−1.816)	
IMR	−0.001 (−0.224)	0.002 (0.735)	
DSpec			0.148* (1.671)
Controls	控制	控制	控制
_cons	−0.364*** (−5.338)	−0.375*** (−5.507)	−0.146 (−0.155)

续表

变量	(1) LIE	(2) LIE	(3) DLIE
Year	控制	控制	控制
Industry	控制	控制	控制
N	25072	25072	2385
adj. R²	0.142	0.142	—

7.4.3 稳健性检验

(1) 变更审计师行业专长计量基础

为了降低审计师行业专长测度基准对前述回归结果的影响,笔者以客户营业收入为基础,采用行业市场份额法重新计算审计师行业专长,并分别设置连续型变量 MSR 和虚拟变量 MSR_D。笔者将 MSR 及 MSR_D 作为解释变量再次进行回归,表 7—6 第 (1) 列和第 (2) 列的结果显示,MSR 及 MSR_D 的回归系数至少在 5% 的水平上显著为负,也支持研究假说 H7—1。

(2) 替换劳动投资效率衡量指标

为了避免劳动投资效率度量方式对基准回归结果的影响,笔者参考 Jung 等 (2014)、孔东民等 (2017) 的做法,以企业劳动投资规模 (Net_Hire) 的年度行业中位数为最优投资规模标准,将企业实际劳动投资规模与该中位数的差额取绝对值作为劳动投资效率新的衡量指标 (LIE2),LIE2 取值越小,企业劳动投资效率越高。笔者将重新界定的劳动投资效率指标 (LIE2) 作为被解释变量再次进行回归,结果见表 7—6 第 (3) 列和第 (4) 列,MSA 和 MSA_D 的回归系数也至少在 10% 的水平上显著为负,基准回归分析结论依然成立。

表 7－6　　　　　　　　　　替换核心变量

变量	(1) LIE	(2) LIE	(3) LIE2	(4) LIE2
MSR	−0.118*** (−2.925)			
MSR_D		−0.015** (−2.571)		
MSA			−0.087** (−1.962)	
MSA_D				−0.012* (−1.847)
Controls	控制	控制	控制	控制
_cons	−0.385*** (−5.661)	−0.383*** (−5.628)	−0.743*** (−10.013)	−0.741*** (−9.967)
Year	控制	控制	控制	控制
Industry	控制	控制	控制	控制
N	25807	25807	25807	25807
adj. R^2	0.139	0.139	0.109	0.109

（3）进一步控制会计师事务所规模的影响

大规模会计师事务所通常拥有较高行业市场份额，声誉激励与竞争需求也可能会促使其更好地发挥外部监督治理功能与信息优化功能，从而有助于提升企业劳动投资效率。为了剔除会计师事务所规模因素对前述研究结论的影响，笔者以中国注册会计师协会发布的历年《会计师事务所综合评价百家排名信息》为标准，在模型（7－3）中进一步加入会计师事务所规模变量（Big10）再次进行回归。表7－7的结果显示，MSA与MSA_D的回归系数均在5%的水平上显著为负，也支持了前文结论。

表 7-7　　　　　　　考虑会计师事务所规模的影响

变量	(1) LIE	(2) LIE
MSA	−0.095** (−2.021)	
MSA_D		−0.010** (−2.558)
Big10	−0.004 (−0.803)	−0.007 (−1.637)
Controls	控制	控制
_cons	−0.370*** (−5.481)	−0.368*** (−5.453)
Year	控制	控制
Industry	控制	控制
N	25076	25076
adj. R^2	0.142	0.142

7.5　作用机制检验

根据前述理论分析，行业专长审计师不仅能够更好地发挥外部监督治理功能，降低企业内外部信息不对称，进而缓解由逆向选择导致的劳动融资约束及由委托代理冲突导致的机会主义劳动投资行为，提高劳动投资效率；还能够更好地发挥信息优化功能，缓解管理者决策信息的不确定性，使其能够做出更为高效合理的劳动投资决策，提高劳动投资效率。为了对此进行检验，笔者使用中介效应逐步分析法，在模型（7-3）的基础上进一步构建模型（7-4）和模型（7-5），从信息不对称与信息不确定性两个方面考察了审计师行业专长对提高企业劳动投资效率的作用机制。

$$M_{it} = \delta_0 + \delta_1 \text{Spec}_{it} + \lambda \text{Controls}_{it} + \text{Year} + \text{Industry} + \mu_{it} \quad (7-4)$$

第7章 审计师行业专长与企业劳动投资效率

$$LIE_{it} = \varphi_0 + \varphi_1 Spec_{it} + \varphi_2 M_{it} + \lambda Controls_{it} + Year + Industry + \mu_{it}$$
(7-5)

在模型（7-4）和模型（7-5）中，M 表示中介变量，包括信息不对称（IA）与信息不确定性（IU）两个指标。关于信息不对称，笔者借鉴 Hutton 等（2009）的做法，使用公司最近 3 年基于修正琼斯模型计算的操控性应计利润的绝对值之和来衡量，该值越大，表示企业内外部信息不对称程度越高。关于信息不确定性，刘婧等（2019）认为，其会影响企业投融资决策并最终导致企业经营业绩产生波动。笔者参考 Ghosh 和 Olsen（2009）的研究，使用经行业调整的公司近 5 年营业收入的变异系数来衡量，该值越大，表示管理者面临决策信息不确定性程度越高。其余变量与模型（7-3）中一致。

表 7-8 报告了信息不对称作用机制检验的回归结果。第（1）列和第（2）列中 MSA 及 MSA_D 的回归系数均在 1% 的水平上显著为负，说明审计师行业专长能够有效降低企业内外部信息不对称。第（3）列和第（4）列中 IA 的回归系数均在 1% 的水平上显著为正，并且 MSA 及 MSA_D 的回归系数也均在 5% 的水平上显著为负，说明信息不对称显著降低了企业劳动投资效率，在控制信息不对称的影响之后，审计师行业专长仍然能够显著提高企业劳动投资效率，验证了信息不对称的部分中介效应。同时，Sobel 检验 Z 统计量值分别为-5.591 与-3.737，均在 1% 的水平上显著；1000 次的 Bootstrap 检验也显示，IA 的间接效应显著，95% 的置信区间分别为 [-0.0241874,-0.0114826] 和 [-0.0023275,-0.0007234]，均不包含 0，也支持该结论。

表 7-8　　　　　　　　　信息不对称作用机制

变量	(1) IA	(2) IA	(3) LIE	(4) LIE
MSA	-0.097*** (-4.174)		-0.098** (-2.573)	
MSA_D		-0.008*** (-2.643)		-0.012** (-1.991)

续表

变量	(1) IA	(2) IA	(3) LIE	(4) LIE
IA			0.177*** (7.949)	0.178*** (7.978)
Controls	控制	控制	控制	控制
_cons	0.312*** (6.606)	0.317*** (6.713)	−0.441*** (−6.531)	−0.438*** (−6.470)
Year	控制	控制	控制	控制
Industry	控制	控制	控制	控制
N	25807	25807	25807	25807
adj. R²	0.168	0.167	0.142	0.142

表7-9报告了信息不确定性作用机制检验的回归结果。第(1)列和第(2)列中MSA及MSA_D的回归系数均在1%的水平上显著为负,说明审计师行业专长能够显著降低信息不确定性。第(3)列和第(4)列中IU的回归系数均在1%的水平上显著为正,并且MSA和MSA_D的回归系数也分别在5%和10%的水平上显著为负,说明信息不确定性显著降低了企业劳动投资效率,在控制信息不确定性的影响之后,审计师行业专长仍然能够显著提高企业劳动投资效率,验证了信息不确定性的部分中介效应。同时,Sobel检验Z统计量值分别为−5.715与−4.276,均在1%的水平上显著;1000次的Bootstrap检验也显示,IU的间接效应显著,95%的置信区间分别为[−0.0423882,−0.0201024]和[−0.0046866,−0.0016332],均不包含0,也支持该结论。

表 7-9　　　　　　　　信息不确定性作用机制

变量	(1) IU	(2) IU	(3) LIE	(4) LIE
MSA	−0.549*** (−3.414)		−0.085** (−2.262)	
MSA_D		−0.058*** (−2.632)		−0.010* (−1.720)
IU			0.055*** (14.479)	0.055*** (14.502)
Controls	控制	控制	控制	控制
_cons	−0.615** (−2.026)	−0.591* (−1.946)	−0.352*** (−5.338)	−0.349*** (−5.276)
Year	控制	控制	控制	控制
Industry	控制	控制	控制	控制
N	25807	25807	25807	25807
adj. R²	0.137	0.136	0.151	0.151

7.6　异质性分析

前文实证结果表明，审计师行业专长能够通过降低企业内外部信息不对称与管理者决策信息不确定性，提高企业劳动投资效率。那么，这种效应的发挥是否会受到公司内外部治理机制的影响呢？笔者进一步从产权性质、内部控制质量、法治保护环境等方面进行具体分析。

7.6.1　产权性质的影响

产权性质差异会使得国有企业与非国有企业在经营目标、公司治理等方面产生明显异质性，进而在劳动投资效率方面也表现出显著差别。首先，与非国有企业不同的是，国有企业除追求经济效益之外，还需要考虑社会效益，往往承担着诸如吸收就业、脱贫攻坚等多重政策性义务。就业是关系国计民生的大事，历来受到中国各级政府的高度重视。为了降低失业、促进就业，各级政府会经常采取各类行政手段直接干预国有企业的劳动雇佣决策，造成雇佣冗余（曾庆生、陈信元，2006）。其次，国有企业所有者缺位容易形成管理者"内部人"控制，再加上政府掌握着国有企业高管的任免权，因此为了实现政治晋升等个人私利，国有企业高管有动机也有能力主动雇佣更多员工以迎合政府的政治目标。廖冠民和沈红波（2014）指出，国有企业高管的这种政治晋升机制正是促使企业"自愿"承担"冗员"政策性负担的激励相容机制。因此，国有企业的劳动投资效率相对更低。这会使得行业专长审计师提高劳动投资效率的边际效应可能在国有企业中更为显著。

为了对此进行检验，笔者按照产权性质将全部样本划分为国有企业（SOE＝1）和非国有企业（SOE＝0）两组分别进行回归。表7-10的结果显示，在国有企业中，MSA和MSA_D的回归系数至少在5%的水平上显著为负；而在非国有企业中，MSA和MSA_D的回归系数均未通过显著性检验。这表明行业专长审计师更能提升国有企业的劳动投资效率。

表7-10　　　　　　　　　产权性质的影响

变量	(1) SOE＝1 LIE	(2) SOE＝0 LIE	(3) SOE＝1 LIE	(4) SOE＝0 LIE
MSA	−0.145*** (−2.898)	−0.070 (−1.147)		
MSA_D			−0.017** (−1.998)	−0.008 (−1.037)
Controls	控制	控制	控制	控制
_cons	−0.333*** (−3.084)	−0.349*** (−3.492)	−0.326*** (−3.016)	−0.347*** (−3.469)
Year	控制	控制	控制	控制
Industry	控制	控制	控制	控制

续表

变量	(1) SOE=1 LIE	(2) SOE=0 LIE	(3) SOE=1 LIE	(4) SOE=0 LIE
N	11979	13308	11979	13308
adj. R²	0.128	0.155	0.128	0.155

7.6.2 内部控制质量的影响

内部控制质量高低会显著影响到企业内外部信息环境。内部控制的主要目标之一是合理保证企业财务报告的可靠性。高质量内部控制有助于企业及时发现并抑制管理者有意操纵与无意错报财务报告的行为，进而显著提高财务报告质量，降低公司内外部信息不对称（方红星、金玉娜，2011；范经华等，2013）。另外，信息与沟通也是内部控制的五要素之一，高质量的内部控制有助于各类财务与非财务信息在企业内外部进行及时有效的传递与沟通，使得管理者能够更加迅速地了解并及时捕获企业劳动投资机会，从而有助于降低劳动投资决策信息不确定性。因此，当内部控制质量较高时，企业信息不对称程度与信息不确定性较低，审计师行业专长提升劳动投资效率的边际效应可能会有所减弱。

为了对此进行检验，笔者使用迪博内部控制指数衡量企业内部控制质量（ICQ），并按其年度行业中位数将样本划分为内部控制质量较高（ICQ_D=1）与内部控制质量较低（ICQ_D=0）两组分别进行回归。表7-11的结果显示，在内部控制质量较高的组别中，MSA和MSA_D的回归系数虽然为负，但是均未通过显著性检验、而在内部控制质量较低的组别中，MSA和MSA_D的回归系数则均在1%的水平上显著为负。这说明审计师行业专长提高劳动投资效率的效应在内部控制质量较低时表现得更为明显。

表 7－11　　　　　　　　内部控制质量的影响

变量	(1) ICQ_D=1 LIE	(2) ICQ_D=0 LIE	(3) ICQ_D=1 LIE	(4) ICQ_D=0 LIE
MSA	−0.076 (−1.357)	−0.171*** (−3.129)		
MSA_D			−0.008 (−0.872)	−0.020*** (−2.691)
Controls	控制	控制	控制	控制
_cons	−0.416*** (−4.248)	−0.387*** (−4.216)	−0.412*** (−4.192)	−0.381*** (−4.141)
Year	控制	控制	控制	控制
Industry	控制	控制	控制	控制
N	12822	12936	12822	12936
adj. R^2	0.144	0.137	0.144	0.137

7.6.3　法治环境的影响

法治环境会对审计师行为产生一定影响。在法治环境较好的地区，投资者保护水平较为完善，审计师因审计失败面临的处罚成本和声誉损失会相对较高，因此行业专长审计师提供高质量审计监督服务的动机更强，能够更好地提高劳动投资效率。而在法治环境较差的地区，审计师因审计失败面临的处罚成本相对较低，激烈的审计行业竞争也可能使得行业专长审计师为了迎合客户需求而降低审计质量，因此弱化了其对劳动投资效率的提升作用。另外，上市公司也会因为薄弱的法治环境而缺乏对投资者进行有效保护的动力，从而降低对高质量审计监督服务的需求（张鸣等，2012）。因此，良好的外部法治环境可能会增强行业专长审计师对企业劳动投资效率的提升作用。

为了对此进行检验，笔者使用《中国分省份市场化指数报告（2021）》

中的"市场中介组织发育和法律制度环境指数"来测度企业所在地区的法治环境发展水平（LE），并按其年度中位数将样本划分为法治环境发展水平较高（LE_D=1）和法治环境发展水平较低（LE_D=0）两组进行检验。表7－12的回归结果显示，MSA 和 MSA_D 的回归系数在法治环境发展水平较高的组别中（LE_D=1）分别在1%和5%的水平上显著为负；而在法治环境发展水平较低的组别中（LE_D=0）均未能通过显著性检验。这表明良好的法治环境能够强化行业专长审计师对企业劳动投资效率的提升作用。

表7－12　　　　　　　　　　法治环境的影响

变量	(1) LE_D=1 LIE	(2) LE_D=0 LIE	(3) LE_D=1 LIE	(4) LE_D=0 LIE
MSA	−0.225*** (−2.684)	−0.088 (−1.459)		
MSA_D			−0.027** (−2.398)	−0.007 (−0.711)
Controls	控制	控制	控制	控制
_cons	−0.351** (−2.183)	−0.655*** (−4.801)	−0.347** (−2.155)	−0.649*** (−4.746)
Year	控制	控制	控制	控制
Industry	控制	控制	控制	控制
N	8305	9450	8305	9450
adj. R^2	0.114	0.151	0.114	0.150

7.7　本章小结

笔者从审计这一重要外部监督治理机制入手，基于行业专长审计师外部监督治理功能与信息优化功能，以2009—2022年中国非金融类A股上市公司为样本，从信息不对称及信息不确定性视角，考察了审计师行业专长对企业劳动投资效率的影响效应及作用机理。研究发现：第一，审计师行业专长既能够抑制劳动投资过度,也能缓解劳动投资不足,从而全面提高企业劳动投资效率。第二,作用机制检验表明,审计师行业专长能够更好地发挥外部监督治理功能与信息优化功能,降低企业内外部信息不对称及管理者决策信息不确定性,从而提高劳动投资效率。第三,异质性分析发现,行业专长审计师对劳动投资效率的提高作用在国有企业、内部控制质量较低的企业及处于法治环境较好地区的企业中更为显著。

  本章的边际贡献主要有:第一,已有研究主要关注了审计师行业专长的外部监督治理功能,而较少探究其信息优化功能。本章以企业劳动投资效率为切入点,综合监督治理功能与信息优化功能考察其影响效应,不仅拓展了对审计师行业专长角色与功能的认知、丰富了审计师行业专长经济后果的研究,也为会计师事务所向做优做特、做专做精转型,实现内涵式发展提供了经验支撑。第二,现有文献大多局限在信息不对称视角考察企业劳动投资效率的影响因素,鲜有考虑管理者决策信息不确定性的影响,更是较少注意到审计师行业专长的作用。本章基于信息不对称与信息不确定性双重视角,考察了审计师行业专长的影响效应与作用机理,充实了企业劳动投资效率影响因素的研究视角及内容。第三,本章从企业产权性质、内部控制质量、所处地区法治发展水平等维度探讨了审计师行业专长对劳动投资效率的异质性影响。该研究成果可以为监管部门与行业协会对会计师事务所实行分类监督指导提供政策依据。

第 8 章　产品市场竞争与企业劳动投资效率

8.1　引言

在市场经济条件下，企业为了实现盈利目标，必须参与产品市场竞争，并在竞争当中不断取得、维持和扩大竞争优势，从而实现自身可持续发展。在竞争中未能取得成功的企业不仅面临控制权转移风险，其管理者也会因为经营管理不善而面临声誉下降风险，有损其未来职业发展。因此，产品市场竞争能够激励企业内部人尽职工作，有效抑制管理者及大股东的机会主义行为。这是企业重要的外部治理机制之一。Shleifer 和 Vishny（1997）就曾指出，产品市场竞争不仅是连接宏观经济与微观企业的"桥梁"，也是"世界上促进经济效率的最强力量"。与其他公司内外部治理机制相比，产品市场竞争最大的特点是不受管理者和大股东等内部人的操纵（姜付秀等，2022）。在其他治理机制不能有效运转时，产品市场竞争则能够凸显出自身独特的治理优势。已有研究表明，产品市场竞争对企业财务行为具有重要解释力。目前，理论界对此存在"竞争—治理"和"竞争—诱导"两种大相径庭的观点。

"竞争—治理"观点是基于委托代理问题视角提出的。该观点认为产品市场竞争产生的破产清算威胁不仅会激励管理者更加努力地工作（Aghion 等，1999），还能有效提升企业信息披露质量（任宏达、王琨，2019）、降低企业内外部信息不对称程度，使得管理者和控股股东谋取私利的动机和空间减少，更加约束自身的行为（Hart，1983）。已有研究表明，产品市场竞争不仅能够通过约束管理层权力（谭庆美等，2015）、减少管理层机会主义行为（姜付秀等，2009）来降低第一类委托代理成本；还能够通过防止大股东"掏空"来降低第二类委托代理成本（张功富，2009），进而提高资本投资效率（王靖宇、张宏亮，2019）和创新效率（胡令、王靖宇，2020），改善企业经营绩效（谭云清等，2008；姚佳、陈国进，2009）。

持"竞争—诱导"观点的研究者则认为，市场资源是有限的，当大量企业涌入市场导致行业竞争不断加剧时，各个企业为了争夺有限资源进而建立竞争优势，会诱发其各类机会主义行为。滕飞等（2016）发现，产品市场竞争加剧在显著提高企业违规倾向的同时，也会显著降低企业违规行为被监管稽查的可能性。姚宏等（2018）发现，产品市场竞争引发的"掠夺风险"不仅会激励企业进行盈余管理，还会降低企业会计信息可比性（袁知柱等，2017）。张英宣和陆明富（2024）则发现，产品市场竞争会增加企业陷入财务困境的可能性，进而提升企业研发操纵程度。

从上述文献中可以看出，产品市场竞争对企业行为产生的影响具有两面性。它既可能发挥积极的治理效应，促进企业高质量发展，也可能诱发各类机会主义行为，有损企业价值最大化目标实现。然而，却鲜有研究就产品市场竞争如何影响企业劳动投资效率展开深入分析并给出相应经验证据。有鉴于此，本章以中国沪深 A 股上市公司为研究对象，从"竞争—治理"和"竞争—诱导"两个方面全面剖析并检验产品市场竞争对企业劳动投资效率的影响效应及作用机理。

8.2 理论分析与研究假说

从"竞争—治理"的角度来看，产品市场竞争作为一种重要的外部治理机制，能够通过清算威胁、信息效应、声誉机制等途径来抑制管理者和控股股东的代理行为，从而提升企业劳动投资效率。首先，产品市场竞争具有淘汰机制。激烈的产品市场竞争会使得经营不善的企业被清算或被兼并，管理者不仅会面临被解聘的风险，还会因为这段不光彩的履历使其自身的声誉受损，从而在经理人市场上很难找到同等的工作机会，给自身职业发展带来不利影响。因此，当产品市场竞争较为激烈时，管理者为了避免在企业破产清算时失去收入、丧失工作机会，往往会做出更大的努力以提升企业经营效率，减少机会主义行为，从而改善公司治理水平，降低企业非效率劳动投资。其次，产品市场竞争具有信息效应。由于同行业企业面临的市场环境大体相同，企业间的横向业绩差异较少受到市场波动的影响，产品市场竞争能够以标杆的方式有效传递管理者经营绩效的相关信息。这不仅能够有效增加企业信息透明度，也有助于外部利益相关者获取关于管理者、控股股东及企业业绩的充分信息，使其更为客观地评价管理者及控股股东行为的合理性，从而提升管理者及控股股东进行非效率劳动投资的风险和成本，抑制企业非效率劳动投资。最后，激烈的产品市场竞争还有助于经理人市场的声誉机制及控制权市场更好地发挥治理效应。为建立更佳的声誉价值，管理者往往会放弃眼前的机会主义而更加努力地工作，从而提升劳动投资效率。

基于上述分析，提出如下研究假说。

H8-1：产品市场竞争有助于提升企业劳动投资效率。

然而，从"竞争—诱导"的角度来看，产品市场竞争也可能对企业劳动投资效率产生负面影响，不利于劳动投资效率的提升。一方面，激烈的产品市场竞争可能会使管理者通过降低企业劳动投资规模来规避产品市场竞争带来的破产清算压力。劳动力成本具有准固定属性及定期支付特征，需要大量现金流予以支撑。当前，随着劳动保护法治环境的进一步改善，劳动者的维权意识也进一步加强，劳动力投资的相关成本可能会更高。为了改善经营业绩，管理者有动机降低企业劳动投资规模，以避免产品市场竞争对公司业绩产生不利影响。因此，产品市场竞争压力引起的破产清算风险可能会导致企业劳动投资不足。另一方面，产品市场竞争压力也可能会使管理者雇佣更多员工，向外部利益相关者发出促进其利益最大化的信号，从而降低管理者个人声誉损失。另外，为了降低产品市场竞争带来的被接管或替换的风险，管理者还可能会通过扩大劳动投资规模来追求更多的职位安全和权力。管理者可以通过与员工签订长期劳动合同及采取高福利政策来获得员工支持，从而防止外部收购者获得企业控制权（Pagano & Volpin，2005）。Atanassov 和 Kim

（2009）也发现，经营业绩不佳的管理者通过增加出售不良资产防止大规模裁员，进而获得员工对保留其职位的支持。因此，产品市场竞争压力引起的管理者个人声誉和职位安全风险也可能导致企业劳动投资过度。

基于上述分析，提出如下研究假说。

H8－2：产品市场竞争会降低企业劳动投资效率。

8.3 研究设计

8.3.1 样本选择与数据来源

本章以 2009—2022 年沪深 A 股非金融保险行业上市企业作为初选样本，并依次进行了如下样本筛选程序：首先，剔除 ST、*ST 及 PT 等非正常交易的样本；其次，剔除员工人数小于 30 的样本；最后，剔除相关变量数据缺失的样本。经过上述筛选程序，最终得到 22734 个样本观测值。研究数据主要来自国泰安数据库和迪博内部控制与风险管理数据库。为了避免极端值对研究结论产生的不利影响，笔者还对各连续变量在 1% 与 99% 分位数上进行了缩尾处理。

8.3.2 主要变量定义

（1）被解释变量：企业劳动投资效率（LIE）

参考 Jung 等（2014）的做法，笔者首先使用模型（8－1）的回归拟合值来测度企业劳动投资规模的最优值，然后用劳动投资规模的实际值减去最优值之后的差额取绝对值来测度企业劳动投资效率（LIE）。LIE 的取值越大，意味着企业劳动投资规模实际值偏离最优值的程度越高，企业劳动投资效率越低。进一步地，笔者还将两者之间大于 0 和小于 0 的差值分别取绝对值，各自定义为劳动投资过度（OverLI）和劳动投资不足（UnderLI）进行检验。

$$Net\_Hire_{it} = \alpha_0 + \alpha_1 Growth_{it} + \alpha_2 Growth_{it-1} + \alpha_3 ROA_{it} + \alpha_4 \Delta ROA_{it}$$
$$+ \alpha_5 \Delta ROA_{it-1} + \alpha_6 Return_{it} + \alpha_7 SizeR_{it} + \alpha_8 Quick_{it-1}$$
$$+ \alpha_9 \Delta Quick_{it} + \alpha_{10} \Delta Quick_{it-1} + \alpha_{11} Lev_{it-1} + \alpha_{12} Lossbin1_{it-1}$$

$$+ \alpha_{13} \text{Lossbin2}_{it-1} + \alpha_{14} \text{Lossbin3}_{it-1} + \alpha_{15} \text{Lossbin4}_{it-1}$$
$$+ \alpha_{16} \text{Lossbin5}_{it-1} + \text{Year} + \text{Industry} + \varepsilon_{it} \quad (8-1)$$

在模型（8－1）中，Net_Hire 为企业劳动投资规模，等于员工人数与个股总市值比值的增长率；Growth 为营业收入增长率；ROA、ΔROA 分别为总资产净利率及其变化值；Return 为考虑现金红利再投资的个股年度收益率；Size 为年个股总市值的自然对数；Quick、ΔQuick 分别表示速动比率及其变化值；Lev 为资产负债率；Lossbin1—Lossbin5 为表示企业亏损程度的虚拟变量，依据 ROA 取值大小进行界定。具体而言，当－0.005≤ROA≤0 时，Lossbin1 取 1，否则取 0；当－0.010≤ROA＜－0.005 时，Lossbin2 取 1，否则取 0；Lossbin3、Lossbin4、Lossbin5 的取值方式以此类推；为了控制样本在时间层面可能受到的共同冲击及不同行业特征的影响，模型（8－1）还控制了年份固定效应（Year）与行业固定效应（Industry）。

（2）解释变量：产品市场竞争（PMC）

参考姜付秀等（2009）的做法，笔者使用以营业收入为基础计算的赫芬达尔－赫希曼指数（HHI）来衡量产品市场竞争程度，计算公式如模型（8－2）所示。

$$\text{HHI} = \sum_{i=1}^{N} (X_i/X)^2 \quad (8-2)$$

在模型（8－2）中，X_i 表示行业内企业 i 的营业收入，N 表示行业内企业数量，X 表示行业内所有企业的营业收入之和。HHI 为反向指标，其取值越小，企业面临的产品市场竞争越激烈。为便于回归结果的分析，笔者使用 PMC 代表 HHI 的相反数，因此 PMC 取值越大，产品市场竞争越激烈。

（3）控制变量

参考 Jung 等（2014）的做法，笔者在回归时考虑了一系列可能影响企业劳动投资效率的其他相关因素，具体包括：市值账面比（MB）、企业规模（Size）、速动比率（Quick）、资产负债率（Lev）、固定资产比重（PPE）、是否亏损（Loss）、是否股利支付（Div）、机构投资者持股比例（InsHold）、劳动密集度（Labor）、现金流量波动性（STD_CFO）、营业收入波动性（STD_Sales）、劳动投资波动性（STD_Net_Hire）、会计信息质量（AbsACC）、资本投资效率（InvEff）。同时，笔者控制了年度（Year）与行业（Industry）固定效应。

各控制变量的定义及计算方式与表 3-1 中一致,此处不再赘述。

8.3.3 模型设定与说明

参考 Jung 等（2014）的研究,笔者建立了回归模型（8-3）以检验前述研究假说。

$$LIE_{it+1} = \beta_0 + \beta_1 PMC_{it} + \lambda Controls_{it} + Year + Industry + \mu_{it+1} \quad (8-3)$$

在模型（8-3）中,LIE 为企业劳动投资效率,PMC 为产品市场竞争程度,Controls 为控制变量,Year 和 Industry 分别为年度与行业固定效应,μ 为残差项。若 PMC 的回归系数 β_1 显著为负,则研究假说 H8-1 成立;反之,则研究假说 H8-2 成立。

8.3.4 描述性统计

表 8-1 报告了各变量的描述性统计结果。LIE 的平均值为 0.228,标准差为 0.331,最小值为 0.001,最大值为 6.243,说明不同企业之间劳动投资效率差别较大。OverLI 和 UnderLI 的样本量占比分别为 36% 和 64%,说明劳动投资不足情况更为普遍;两者平均值分别为 0.305 与 0.190,说明劳动过度投资情况可能更加严重。PMC 的最小值为 -0.477,最大值为 -0.008,说明不同行业内企业面临的产品市场竞争程度存在很大差别。其余各控制变量的统计结果均在合理范围之内。

表 8-1　　　　　　　　描述性统计

变量	样本量	平均值	标准差	最小值	中位数	最大值
LIE	22734	0.228	0.331	0.001	0.145	6.243
OverLI	8221	0.305	0.571	0.001	0.142	8.986
UnderLI	14513	0.190	0.165	0.001	0.147	1.136
PMC	22734	-0.051	0.075	-0.477	-0.016	-0.008
MB	22734	2.050	1.410	0.783	1.602	14.531
Size	22734	22.687	0.976	20.645	22.544	26.355
Quick	22734	1.425	1.404	0.122	1.007	10.735

续表

变量	样本量	平均值	标准差	最小值	中位数	最大值
Lev	22734	0.475	0.202	0.064	0.478	0.953
PPE	22734	0.226	0.171	0.001	0.189	0.772
Loss	22734	0.134	0.340	0.000	0.000	1.000
Div	22734	0.653	0.476	0.000	1.000	1.000
InsHold	22734	0.468	0.223	0.003	0.481	0.918
Labor	22734	0.066	0.060	0.002	0.050	0.458
STD_CFO	22734	0.058	0.128	0.001	0.017	1.236
STD_Sales	22734	0.212	0.532	0.002	0.052	5.304
STD_Net_Hire	22734	0.803	1.546	0.118	0.515	23.890
AbsACC	22734	0.059	0.060	0.000	0.040	0.402
InvEff	22734	0.027	0.029	0.000	0.018	0.207

8.4 实证结果分析

8.4.1 基准回归分析

表8-2列示了产品市场竞争影响企业劳动投资效率的回归结果。第（1）列和第（2）列中PMC的回归系数分别为-0.148和-0.162，均达到5%的显著性水平，表明无论是否考虑控制变量的影响，产品市场竞争都会显著提升企业劳动投资效率。从经济意义上看，基于第（2）列中PMC的回归系数及表8-1中描述性统计结果计算可知，产品市场竞争程度每提升一个标准差，企业劳动投资效率平均提升约5.33%，这具有一定的经济意义。笔者进一步分别以OverLI和UnderLI为被解释变量进行回归，第（3）列中PMC的回归系数在1%的水平上显著为负，第（4）列中PMC的回归系数未通过显著性检验，表明产品市场竞争对企业劳动投资效率的提升主要体现为抑制企业劳动投资过度，而非缓解企业劳动投资不足。综合上述分析可知，

前文研究假说 H8-1 得到支持。

表 8-2　　　　　　　　　　基准回归分析

变量	(1) LIE	(2) LIE	(3) OverLI	(4) UnderLI
PMC	-0.148**	-0.162**	-0.602***	0.040
	(-2.241)	(-2.481)	(-3.041)	(1.063)
MB		0.020***	0.028***	0.004***
		(11.354)	(6.325)	(3.967)
Size		0.019***	0.029***	0.014***
		(5.947)	(3.221)	(7.519)
Quick		0.006***	0.009	0.008***
		(3.073)	(1.502)	(6.285)
Lev		0.062***	0.113**	0.031***
		(3.946)	(2.572)	(3.277)
PPE		-0.059***	-0.105**	-0.024***
		(-3.764)	(-2.339)	(-2.613)
Loss		0.018**	0.016	0.021***
		(2.352)	(0.749)	(4.599)
Div		-0.029***	-0.040***	-0.028***
		(-5.328)	(-2.601)	(-8.510)
InsHold		-0.013	-0.010	-0.005
		(-1.146)	(-0.319)	(-0.758)
Labor		-0.533***	-1.594***	0.028
		(-13.084)	(-12.833)	(1.205)
STD_CFO		-0.096***	-0.277***	-0.016
		(-3.584)	(-3.296)	(-1.038)
STD_Sales		0.005	0.010	0.004
		(0.740)	(0.544)	(1.116)

续表

变量	(1) LIE	(2) LIE	(3) OverLI	(4) UnderLI
STD_Net_Hire		0.003** (2.376)	0.001 (0.276)	0.005*** (6.399)
AbsACC		0.213*** (5.822)	0.159 (1.603)	0.178*** (8.042)
InvEff		0.444*** (5.998)	0.575*** (2.801)	0.286*** (6.452)
_cons	0.200*** (9.235)	-0.244*** (-3.339)	-0.366* (-1.775)	-0.184*** (-4.213)
Year	控制	控制	控制	控制
Industry	控制	控制	控制	控制
N	22734	22734	8221	14513
adj. R²	0.079	0.105	0.143	0.198

8.4.2 内生性处理

(1) 工具变量法

产品市场竞争虽然能够提升企业劳动投资效率，但是劳动投资效率更高的企业也可能面临更为激烈的产品市场竞争，从而引发互为因果的内生性问题。为了对此进行缓解，笔者借鉴曾伟强等（2016）、赵彦锋等（2023）的做法，将滞后两期的产品市场竞争变量（L2_PMC）作为工具变量进行两阶段最小二乘法回归。表 8-3 第（1）列的第一阶段结果显示，L2_PMC 的回归系数为 0.340，在 1% 的水平上显著，表明工具变量与产品市场竞争具有显著关联。同时，Kleibergen-Paap rk LM 统计量的取值在 1% 的水平上显著，Kleibergen-Paap rk Wald F 统计量的取值也大于 16.38，表明该工具变量具有一定合理性。表 8-3 第（2）列报告了第二阶段的回归结果，PMC 的回归系数仍然在 5% 的水平上显著为负，表明在排除互为因果内生性的问题影响后，前文结论依然成立。

（2）控制企业个体固定效应

企业层面存在某些不随时间改变的影响劳动投资效率的因素，并且这些因素通常难以观察和测度，因此在回归分析时可能有所遗漏。为此，笔者在模型（8－3）中进一步控制企业个体固定效应（Firm）进行回归，结果见表8－3第（3）列，PMC的回归系数为－0.169，达到5%显著性水平，同样表明产品市场竞争能够提升劳动投资效率。

（3）倾向得分匹配法

产品市场竞争较为激烈的企业与产品市场竞争较为缓和的企业之间可能在财务及治理特征方面存在系统性偏差，进而引发样本自选择问题。倾向得分匹配法能在一定程度上对此进行缓解。笔者参考张英宣和陆明富（2024）的做法，以PMC的年度中位数为标准，生成虚拟变量HHI_D，当PMC大于年度中位数时，HHI_D取值为1，否则HHI_D取值为0。笔者采纳Abadie等（2004）的建议，将基准回归中的所有控制变量作为协变量，进行1∶4匹配，以最小化均方误差。笔者采用该方法进行匹配后，未列示的平衡性检验结果显示，两组之间的系统性差异均不再明显，具有较好的匹配效果。表8－3第（4）列的回归结果显示，PMC的回归系数在5%水平上显著为负，仍然证实了产品市场竞争能够提升企业劳动投资效率的结论。

表8－3　内生性处理

变量	(1) PMC	(2) LIE	(3) LIE	(4) LIE
L2_PMC	0.340***			
	(70.754)			
PMC		－0.348**	－0.169**	－0.162**
		(－2.190)	(－2.247)	(－2.150)
Controls	控制	控制	控制	控制
_cons	－0.110***	－0.306***	0.177	－0.192**
	(－15.936)	(－3.760)	(1.100)	(－2.279)
Year	控制	控制	控制	控制

续表

变量	(1) PMC	(2) LIE	(3) LIE	(4) LIE
Industry	控制	控制	控制	控制
Firm	未控制	未控制	控制	未控制
N	16512	16512	22734	16708
adj. R^2	0.872	0.108	−0.022	0.106

8.4.3 稳健性检验

（1）替换产品市场竞争衡量指标

为了避免产品市场竞争度量方式对基准回归结果的影响，笔者参考谭雪（2017）的做法，进一步以企业资产总额为基础重新计算赫芬达尔－赫希曼指数，并将其相反数（PMC2）作为解释变量再次进行回归。表8－4第（1）列中PMC2的回归系数在5%的水平上显著为负，与基准回归分析结论一致。

（2）替换劳动投资效率衡量指标

为了避免劳动投资效率度量方式对基准回归结果的影响，笔者参考Jung等（2014）、孔东民等（2017）的做法，以企业劳动投资规模（Net_Hire）的年度行业中位数为最优投资规模标准，将企业实际劳动投资规模与该中位数的差额取绝对值作为劳动投资效率新的衡量指标（LIE2），LIE2取值越小，企业劳动投资效率越高。笔者将重新界定的劳动投资效率指标（LIE2）作为被解释变量再次进行回归，结果见表8－4第（2）列，PMC的回归系数仍然在5%的水平上显著为负，基准回归分析结论依然成立。

表8－4　　稳健性检验

变量	(1) LIE	(2) LIE2
PMC2	−0.140** (−2.394)	

续表

变量	(1) LIE	(2) LIE2
PMC		−0.180** (−2.363)
Controls	控制	控制
_cons	−0.233*** (−3.215)	−0.515*** (−6.047)
Year	控制	控制
Industry	控制	控制
N	22734	22734
adj. R²	0.105	0.067

8.5 作用机制检验

前述实证结果表明,产品市场竞争能够显著提升企业劳动投资效率。根据理论分析的逻辑,产品市场竞争作为一项重要的外部治理机制,能够从清算威胁、信息效应、声誉机制等方面来有效约束管理者和大股东的机会主义行为,降低两类委托代理冲突,从而提升企业劳动投资效率。为了对此进行检验。笔者使用中介效应逐步分析法,在模型(8-3)的基础上,进一步构建模型(8-4)和模型(8-5),从缓解两类委托代理冲突的视角考察了产品市场竞争对提高企业劳动投资效率的作用机制。

$$M_{it} = \delta_0 + \delta_1 PMC_{it} + \lambda Controls_{it} + Year + Industry + \mu_{it} \quad (8-4)$$

$$LIE_{it+1} = \varphi_0 + \varphi_1 PMC_{it} + \varphi_2 M_{it} + \lambda Controls_{it} + Year + Industry + \mu_{it+1} \quad (8-5)$$

在模型(8-4)和模型(8-5)中,M 为中介变量,包括第一类委托代理冲突(AC1)和第二类委托代理冲突(AC2)两个指标。具体而言,笔者参考申丹琳和江轩宇(2022)的做法,使用管理费用与营业收入的比值,即管理费用率，来衡量第一类委托代理冲突。管理费用率越高，第一类委托代理冲突越严重。笔者还参考 Gu 等（2022）的做法，使用其他应收款净额与总资产的比值来衡量第二类委托代理冲突。其他应收款净额占比越高，第二类委托代理冲突越严重。其余变量与模型（8-3）中一致。

表 8-5 列示了作用机制检验的回归结果。第（1）列中 PMC 的回归系数在 1% 的水平上显著为负，表明产品市场竞争能够降低第一类委托代理冲突；第（2）列中 AC1 的回归系数在 1% 的水平上显著为正，同时 PMC 的回归系数在 5% 的水平上显著为负，表明产品市场竞争会降低第一类委托代理冲突，从而提升企业劳动投资效率。第（3）列中 PMC 的回归系数在 1% 的水平上显著为负，表明产品市场竞争也能够降低第二类委托代理冲突；第（4）列中 AC2 的回归系数在 1% 的水平上显著为正，同时 PMC 的回归系数在 5% 的水平上显著为负，表明产品市场竞争会降低第二类委托代理冲突，从而提升企业劳动投资效率。

为了确保上述结论稳健可靠，笔者还进行了 Sobel 检验和 Bootstrap 检验。Sobel 检验 Z 统计量的取值分别为 -2.301 和 -2.221，均在 5% 的水平上显著。1000 次的 Bootstrap 检验也显示，AC1 和 AC2 的间接效应均显著，95% 的置信区间分别为 [-0.0188984, -0.0010308] 和 [-0.0110564, -0.001098]，均不包含 0。这些结果与逐步分析法的结论保持一致。

综上所述，两类委托代理冲突的中介效应得到了支持，产品市场竞争能够有效降低两类委托代理冲突，从而提升企业劳动投资效率。

表 8-5　　　　　　　　　　作用机制检验

变量	(1) AC1	(2) LIE	(3) AC2	(4) LIE
PMC	-0.123*** (-9.233)	-0.153** (-2.332)	-0.018*** (-3.382)	-0.158** (-2.415)
AC1		0.077** (2.376)		

续表

变量	(1) AC1	(2) LIE	(3) AC2	(4) LIE
AC2				0.237*** (2.945)
Controls	控制	控制	控制	控制
_cons	0.313*** (21.034)	−0.268*** (−3.636)	0.071*** (11.786)	−0.261*** (−3.559)
Year	控制	控制	控制	控制
Industry	控制	控制	控制	控制
N	22734	22734	22734	22734
adj. R²	0.299	0.105	0.142	0.105

8.6 异质性分析

8.6.1 企业特征异质性

(1) 企业市场竞争地位的影响

企业市场竞争地位会显著影响产品市场竞争积极效应的发挥。对竞争地位较高的企业而言，由于其在行业内拥有较高的市场份额和较强的定价优势，在面对新进入者和在位者的竞争威胁时，企业受到的破产清算威胁及管理者被解聘的风险相对更低，产品市场竞争的治理效应难以得到有效发挥。因此，较高的市场竞争地位会削弱产品市场竞争对劳动投资效率的提升效应。

为了对此进行检验，笔者参考周夏飞和周强龙（2014）的做法，使用企业勒纳指数与所处行业以各企业营业收入加权平均的勒纳指数之间的差额来衡量企业市场竞争地位（NI），NI的取值越大，企业市场竞争地位越高。笔者进一步以NI的年度行业中位数为标准，将样本公司划分为市场竞争地位

第 8 章 产品市场竞争与企业劳动投资效率

较高（NI_D=1）与市场竞争地位较低（NI_D=0）两组分别进行回归。表 8-6 第（1）列和第（2）列的结果显示，在市场竞争地位较高的组别中，PMC 的回归系数未通过显著性检验，而在市场竞争地位较低的组别中，PMC 的回归系数在 5% 的水平上显著为负，表明产品市场竞争对企业劳动投资效率的提升效应在企业市场竞争地位较低时更为明显。

(2) 企业多元化程度的影响

企业多元化经营对产品市场竞争积极效应的发挥也会产生一定影响。企业多元化经营往往需要更多的资金支持。为此，企业通常会选择主动提升信息披露质量，在助力自身获取外部资金支持的同时，也会对管理者和大股东的机会主义行为形成一定约束，从而有助于提升企业劳动投资效率。另外，多元化经营的巨额资金投入会减少企业的自由现金流量，这也在一定程度上减小了管理者和大股东进行非效率劳动投资的空间。因此，多元化程度会削弱产品市场竞争对企业劳动投资效率的提升效应。

为了对此进行检验，笔者参考曾春华和杨兴全（2012）的做法，使用收入熵指数来衡量企业多元化程度（DYH），DYH 的取值越大，企业多元化程度越高。笔者进一步以 DYH 的年度行业中位数为标准，将样本公司划分为多元化程度较高（DYH_D=1）与多元化程度较低（DYH_D=0）两组分别进行回归。表 8-6 第（3）列和第（4）列的结果显示，在多元化程度较高的组别中，PMC 的回归系数未通过显著性检验，而在多元化程度较低的组别中，PMC 的回归系数在 1% 的水平上显著为负，表明产品市场竞争对企业劳动投资效率的提升效应在企业多元化程度较低时更为明显。

表 8-6　　　　　　　　　　企业特征异质性

变量	(1) NI_D=1 LIE	(2) NI_D=0 LIE	(3) DYH_D=1 LIE	(4) DYH_D=0 LIE
PMC	−0.114 (−1.255)	−0.213** (−2.262)	−0.064 (−0.669)	−0.253*** (−2.871)
Controls	控制	控制	控制	控制

续表

变量	(1) NI_D=1 LIE	(2) NI_D=0 LIE	(3) DYH_D=1 LIE	(4) DYH_D=0 LIE
_cons	−0.256** (−2.561)	−0.392*** (−3.405)	−0.206* (−1.910)	−0.345*** (−3.529)
Year	控制	控制	控制	控制
Industry	控制	控制	控制	控制
N	11316	11418	10520	10631
adj. R²	0.112	0.103	0.107	0.106

8.6.2 企业内外部治理水平异质性

(1) 内部控制质量的影响

企业劳动投资效率会因内部控制质量的高低而表现出不同水平，进而影响产品市场竞争与劳动投资效率之间的关系。高质量内部控制能够全面提升企业财务信息与非财务信息质量，降低企业内外部信息的不对称程度，从而有效监督制衡管理者和大股东的机会主义行为，弱化委托代理冲突，促进劳动投资效率有效提升（李小荣等，2021）。因此，高质量内部控制是确保和提升企业劳动投资效率的内部制度保障。这可能导致产品市场竞争在高质量内部控制企业中提升劳动投资效率的边际效用有所弱化。

为了对此进行检验，笔者使用迪博内部控制指数来表征企业内部控制质量（ICQ），并按其年度行业中位数将样本公司划分为内部控制质量较高（ICQ_D=1）与内部控制质量较低（ICQ_D=0）两组分别进行回归。表8-7第（1）列和第（2）列的结果显示，在内部控制质量较高的组别中，PMC的回归系数未通过显著性检验，而在内部控制质量较低的组别中，PMC的回归系数则在1%的水平上显著为负，说明产品市场竞争对企业劳动投资效率的提升效应在内部控制质量较低时表现得更为明显。

(2) 机构投资者持股类型的影响

机构投资者作为核心外部治理主体会显著影响企业劳动投资效率。然而,交易型机构投资者和稳定型机构投资者所产生的监督治理效应却存在着显著差别。相较于短期逐利导向的交易型机构投资者,长期持股的稳定型机构投资者更具价值导向。依托专业人才及信息解读等技术优势,长期持股的稳定型机构投资者能够强化对企业的监督治理,有效约束管理者的自利劳动投资行为,从而提升企业劳动投资效率。因此,稳定型机构投资者持股可能会在一定程度上弱化产品市场竞争对劳动投资效率的提升效应。

为了对此进行检验,笔者参照杨棉之等(2020)的做法,以机构投资者当年持股比例与其前三年持股比例标准差的比值来表征机构投资者持股稳定性,并将小于年度行业中位数的样本确定为交易型机构投资者持股组别(InsType=0),将大于中位数样本确定为稳定型机构投资者持股组别(InsType=1),对两组分别进行回归。表8-7第(3)列和第(4)列的结果显示,PMC的回归系数仅在交易型机构投资者持股的企业中显著为负,表明稳定型机构投资者持股削弱了产品市场竞争对企业劳动投资效率的提升效应。

表8-7 企业内外部治理水平的影响

变量	(1) ICQ_D=1 LIE	(2) ICQ_D=0 LIE	(3) InsType=1 LIE	(4) InsType=0 LIE
PMC	0.016 (0.184)	−0.316*** (−3.266)	−0.089 (−0.944)	−0.246*** (−2.714)
Controls	控制	控制	控制	控制
_cons	−0.269*** (−2.858)	−0.361*** (−3.033)	−0.232** (−2.295)	−0.293*** (−2.727)
Year	控制	控制	控制	控制
Industry	控制	控制	控制	控制
N	11295	11401	11289	11391
adj. R^2	0.099	0.115	0.101	0.111

8.7 本章小结

笔者从外部市场治理机制出发，考察了产品市场竞争对企业劳动投资效率的影响。笔者首先基于"竞争—治理"和"竞争—诱导"两个方面全面剖析了产品市场竞争对企业劳动投资效率可能产生的影响，然后使用2009—2022年沪深A股非金融保险行业上市企业的相关数据对此进行了实证检验。研究结果表明：第一，产品市场竞争能够显著提升企业劳动投资效率，主要表现为抑制劳动投资过度。第二，作用机制检验表明，产品市场竞争能够强化对管理者和控股股东的监督制约，有效缓解两类委托代理冲突，从而提升企业劳动投资效率。第三，异质性分析发现，产品市场竞争对企业劳动投资效率的提升效应在市场竞争地位和多元化程度较低的企业及内部控制质量较低和交易型机构投资者持股的企业中更为明显。

本章可能具有以下几点边际贡献：一方面，笔者结合产品市场竞争的治理效应与诱导效应，全方位剖析并检验了产品市场竞争对企业劳动投资效率的影响，不仅拓展了产品市场竞争经济效应及企业劳动投资效率影响因素的研究视野，也厘清了产品市场竞争影响企业劳动投资效率的理论"黑箱"。另一方面，本章从企业本身属性特征及内外部治理水平等方面明确了产品市场竞争对提升企业劳动投资效率的情景差异，能够为更好地发挥产品市场竞争的积极效应提供有针对性的对策建议。

第9章　数字金融发展与企业劳动投资效率

9.1　引言

近些年，以大数据和人工智能为典型代表的数字技术蓬勃发展。其与金融有机融合、迭代创新，催生出数字金融这一新型金融服务业态，并且发展迅速。在大数据、人工智能、云计算、区块链等数字技术及移动终端的加持下，数字金融能够实现投融资及其他相关业务的持续转型升级，有效提升金融服务效率，改善企业外部融资环境，对企业经营及治理行为产生了显著积极影响，有效驱动了实体企业的高质量发展（陈中飞、江康奇，2021；熊家财等，2024）。2023年中央金融工作会议指出，要"做好科技金融、绿色金融、普惠金融、养老金融、数字金融五篇大文章"。因此，系统深入考察数字金融发展给实体企业带来的经济效益，对进一步深化金融供给侧结构性改革，疏通资金进入实体经济的渠道，进而推动金融强国建设、提升服务实体经济质效有着重要意义。

已有研究表明，数字金融不仅能够充分发挥"成本低、速度快、覆盖广"的优势（黄益平、黄卓，2018），显著提升金融服务的可得性，从而改善企业外部融资环境（郭峰等，2020）；还能够通过对企业大数据进行实时收集、深度挖掘与分析，实现企业信息透明度的有效提升。融资及信息环境的优化有助于打破企业"融资难""融资贵"困境（阮坚等，2020；解维敏等，2021；Li等，2023），为企业研发创新（李春涛等，2020；唐松等，2020）、资本投资（赵瑞瑞等，2021）及双向投资（谢谦，2024）等提供金融支持，进而提升企业主业业绩（熊家财等，2024）和全要素生产率（陈中飞、江康奇，2021）。此外，信息环境改善还能强化内外部利益相关者对管理者的监督约束，有助于降低企业债务违约风险（翟淑萍等，2022）和费用黏性（袁淳等，2023）、抑制企业非效率投资（苏帆、许超，2022）及违规行为（董小红等，2024），从根本上促进企业治理效率的提升。

然而，金融发展水平作为企业存续的重要外部制度环境，其如何影响企业劳动投资效率还有待进一步充分挖掘。虽然 Lai 等（2023）、Gao 和 Xu（2023）、曹慧平和丁怡帆（2024）的研究结果表明，商业银行经营网点地理分布的拓展有助于抑制企业非效率劳动投资；但是这些研究仍然局限在传统金融领域，对金融与数字技术有机融合进行迭代创新而产生的数字金融还缺乏相应探索。理论上，数字金融在数字技术的赋能下可能经由融资效应及监督治理效应来促进企业劳动投资效率的显著提升。为此，本章以中国 A 股上市企业为研究对象，结合北京大学数字普惠金融指数，实证考察了数字金融发展影响企业劳动投资效率的效应及相应机制。

9.2　理论分析与研究假说

数字金融通过创造性地融合数字技术能够有效降低企业外部融资市场摩擦，提升信贷资源可得性，从而缓解企业融资约束。同时，数字金融依托数字技术对企业大数据进行的收集、挖掘与分析也有助于增强利益相关者的监督治理能力，从而弱化委托代理冲突。基于此，笔者认为数字金融发展能够从融资和监督治理两个方面对企业劳动投资效率产生积极影响。

从融资效应来看，数字金融发展能够有效缓解企业资金约束，为企业适时调整劳动投资规模提供必要的金融支持，从而提升劳动投资效率。劳动力成本的准固定属性及定期支付特征使得企业需要进行外部融资，以支持劳动投资活动的顺利开展（Benmelech 等，2021）。然而，现实中宏观层面的金融抑制与金融市场摩擦及微观层面的信息不对称与委托代理冲突诱发的信贷资源配置失衡和信贷价格扭曲，使得企业只能更多依赖内源资金，从而面临较强的外部融资约束（解维敏等，2021），缺乏足够资金支持其根据自身实际需求及时调整劳动投资规模至最优水平。数字金融作为数字技术驱动下的新型金融服务模式，能够直接或间接优化金融资源配置效率，改善企业外部融资环境。首先，数字金融发展有效打破了传统金融服务的物理时空局限，提升了金融服务的范围和可触达性（唐松等，2020），不仅能够以更低的成本在更广阔的时空范围内吸纳被传统金融排斥在外的"多、小、散"客户群体的零散资金，增强信贷资金的资源供应基础；而且能够通过网上银行、手机银行等数字化平台提供各类创新型金融产品与服务，大大拓宽了企业融资渠道与方式，使得吸纳的金融资源能够更为顺利地转化为有效供给，提升了金融服务的可得性。其次，数字金融在大数据、人工智能、区块链等数字技术的支撑下，将企业大数据贯穿信贷管理全流程，不仅能够在事前实现对潜在客户精准"画像"，高效评估企业信用状况，降低资金供需双方信息不对称；还能在事中优化信贷审批与发放流程，并且建立动态风险控制模型以弱化事后道德风险（熊家财等，2022），从而在有效控制企业违约风险的同时增强资金供给意愿，提升企业融资效率。最后，互联网及其他信息技术企业等新兴数字金融供给主体的加入，显著弱化了银行等传统金融机构的垄断性，提升了金融市场的竞争程度，有助于倒逼银行等传统金融机构在数字金融的技术溢出下进行智能化转型升级，从而深度优化产品结构及业务流程，为企业提供更为便捷的信贷产品（翟淑萍等，2022）。由此可见，数字金融发展能够为企业提供充足的外源资金支持，有效缓解企业面临的劳动融资约束，从而提升劳动投资效率。

从监督治理效应来看，数字金融发展能够弱化委托代理冲突，抑制管理者机会主义行为，从而提升劳动投资效率。这是因为根源于委托代理冲突的管理者私利行为是导致企业劳动投资偏离最优水平的主要原因之一（Jung等，2014；喻彪等，2022）。已有研究指出，管理者商业帝国构建、改善短期业绩、享受安定生活、规避法律风险等一系列私利行为均可能导致企业劳动投资过度或不足，造成劳动投资效率低下。作为一项重要的外部治理机制，数字金融能够凭借数字技术手段强化对管理者的监督约束，为利益相关者洞察其行为决策提供有效工具，从而减少管理者自利的劳动投资。一方面，信息效率是确保公司治理效能的基础。数字金融利用大数据、人工智能等技术对企业经营和非经营大数据进行实时收集、深度挖掘与分析，能够高效监测企业资金流、信息流及物流的合理性，精准识别出企业运营过程中异常的资金使用行为，从而改善企业信息透明度，增加管理者实施机会主义行为的难度与成本，抑制企业非效率劳动投资。另一方面，从委托代理冲突角度来看，数字金融对企业信息透明度的改善不仅能够助力信贷资源供给者监督成本的降低与监督能力的增强，从而抑制管理者在劳动投资活动中滥用资金的道德风险行为；还能够激励异质性大股东积极参与公司治理，不断完善企业内部治理机制（杜善重，2022），有效约束管理者的非效率劳动投资。此外，数字金融发展还有助于提升审计师等资本市场治理主体的监督能力（袁淳等，2023）。数字金融对企业大数据的挖掘和分析可以帮助审计师高效锁定企业经营过程中的异常行为从而确定审计重点，使得审计师能够更为精准地识别和抑制管理者的机会主义行为。由此可见，数字金融发展能够增加企业信息透明度，增强利益相关者的监督治理能力，从而弱化委托代理冲突，提升企业劳动投资效率。

综上所述，数字金融发展能够有效缓解企业融资约束及委托代理冲突，监督管理者将金融资源高效运用于满足企业可持续发展需求的劳动投资，而非自身私利行为，进而提升了企业劳动投资效率。为此，提出如下研究假说。

H9－1：数字金融发展有助于提升企业劳动投资效率。

9.3 研究设计

9.3.1 样本选择与数据来源

鉴于北京大学数字普惠金融指数从 2011 年开始编制并发布，本章以 2011—2023 年沪深 A 股非金融保险行业上市企业为初选样本，并依次进行了如下样本筛选程序：首先剔除 ST、＊ST 及 PT 等非正常交易的样本；其次剔除员工人数小于 30 的样本；最后，剔除相关变量数据缺失的样本。经过上述筛选程序，最终得到 21613 个观测值。数字金融数据取自《北京大学数字普惠金融指数（2011—2022 年）》，微观企业层面的财务及治理特征数据来自国泰安数据库，宏观省份层面的各类经济数据来自国家统计局官方网站。为了避免极端值对研究结论产生的不利影响，笔者还对各连续变量在 1% 与 99% 分位数上进行了缩尾处理。

9.3.2 主要变量定义

（1）被解释变量：企业劳动投资效率（LIE）

参考 Jung 等（2014）的做法，笔者首先使用模型（9－1）的回归拟合值来测度企业劳动投资规模的最优值，然后用劳动投资规模的实际值减去最优值之后的差额取绝对值来测度企业劳动投资效率（LIE）。LIE 的取值越大，意味着企业劳动投资规模实际值偏离最优值的程度越高，企业劳动投资效率越低。进一步地，笔者还将两者之间大于 0 和小于 0 的差值分别取绝对值，各自定义为劳动投资过度（OverLI）和劳动投资不足（UnderLI）进行检验。

$$Net\_Hire_{it} = \alpha_0 + \alpha_1 Growth_{it} + \alpha_2 Growth_{it-1} + \alpha_3 ROA_{it} + \alpha_4 \Delta ROA_{it} + \alpha_5 \Delta ROA_{it-1}$$
$$+ \alpha_6 Return_{it} + \alpha_7 SizeR_{it-1} + \alpha_8 Quick_{it-1} + \alpha_9 \Delta Quick_{it} + \alpha_{10} \Delta Quick_{it-1}$$
$$+ \alpha_{11} Lev_{it-1} + \alpha_{12} Lossbin1_{it-1} + \alpha_{13} Lossbin2_{it-1} + \alpha_{14} Lossbin3_{it-1}$$
$$+ \alpha_{15} Lossbin4_{it-1} + \alpha_{16} Lossbin5_{it-1} + Year + Industry + \varepsilon_{it} \quad (9-1)$$

在模型（9－1）中，Net_Hire 为企业劳动投资规模，等于员工人数与个股总市值比值的增长率；Growth 为营业收入增长率；ROA、ΔROA 分别为总资产净利率及其变化值；Return 为考虑现金红利再投资的个股年度收益率；Size 为年个股总市值的自然对数；Quick、ΔQuick 分别表示速动比率及其变化值；Lev 为资产负债率；Lossbin1—Lossbin5 为表示企业亏损程度的虚拟变量，依据 ROA 取值大小进行界定。具体而言，当 －0.005≤ROA≤0 时，Lossbin1 取 1，否则取 0；当 －0.010≤ROA＜－0.005 时，Lossbin2 取

1，否则取 0；Lossbin3、Lossbin4、Lossbin5 的取值方式以此类推；为了控制样本在时间层面可能受到的共同冲击及不同行业特征的影响，模型（9－1）还控制了年份固定效应（Year）与行业固定效应（Industry）。

（2）解释变量：数字金融发展水平（DF）

笔者参照唐松等（2020）、翟淑萍等（2022）的做法，使用北京大学数字普惠金融指数（除以 100 进行标准化）来表征省份层面的数字金融发展水平（DF）。DF 取值越大，数字金融发展水平越高。同时，笔者以地级市层面数据替换省级数据对研究假说进行稳健性检验。该指数在现有考察数字金融微观经济效应的相关文献中得到广泛使用，郭峰等（2020）对该指数的构建进行了具体论述和说明。

（3）控制变量

参考 Jung 等（2014）的做法，笔者在回归时考虑了一系列可能影响企业劳动投资效率的其他相关因素，具体包括：市值账面比（MB）、企业规模（Size）、速动比率（Quick）、资产负债率（Lev）、固定资产比重（PPE）、是否亏损（Loss）、是否股利支付（Div）、机构投资者持股比例（InsHold）、劳动密集度（Labor）、现金流量波动性（STD_CFO）、营业收入波动性（STD_Sales）、劳动投资波动性（STD_Net_Hire）、会计信息质量（AbsACC）、资本投资效率（InvEff）。同时，笔者控制了年度（Year）、行业（Industry）、省份（Province）固定效应。

各控制变量的定义及计算方式与表 3－1 中一致，此处不再赘述。

9.3.3　模型设定与说明

为了检验数字金融发展如何影响企业劳动投资效率，笔者设定了回归模型（9－2）：

$$LIE_{it+1} = \beta_0 + \beta_1 DF_{it} + \lambda Controls_{it} + Year + Industry + Province + \mu_{it+1}$$

(9－2)

在模型（9－2）中，被解释变量 LIE 表示企业劳动投资效率，解释变量 DF 表示各省份数字金融发展水平，Controls 表示一系列控制变量，Year、

Industry 及 Province 分别表示年度、行业与省份固定效应，μ 为残差项。为了保证回归结果稳健可靠，笔者在企业层面对回归标准误执行了聚类稳健调整。

9.3.4 描述性统计分析

表 9-1 报告了各变量的描述性统计结果。劳动投资效率（LIE）的平均值为 0.210，最大值和最小值分别为 7.811 与 0.001，表明非效率劳动投资在企业当中普遍存在，并且在不同企业之间还存在一定差别。从区分劳动投资过度（OverLI）和劳动投资不足（UnderLI）来看，两者的样本量占比分别约为 36% 和 64%，平均值分别为 0.279 和 0.174，表明劳动投资不足在企业当中更为普遍，而劳动投资过度却更为严重。数字金融发展水平（DF）的最大值和最小值分别为 4.607 和 0.183，标准差为 1.072，表明数字金融发展具有较为突出的地域差异，需要进一步加强其发展的均衡性。

表 9-1 描述性统计

变量	样本量	平均值	标准差	最小值	中位数	最大值
LIE	21613	0.210	0.317	0.001	0.134	7.811
OverLI	7721	0.279	0.519	0.000	0.133	9.040
UnderLI	13892	0.174	0.153	0.001	0.134	1.086
DF	21613	2.930	1.072	0.183	3.061	4.607
MB	21613	1.998	1.379	0.784	1.554	14.531
Size	21613	22.576	1.317	19.598	22.408	26.738
Quick	21613	1.488	1.461	0.122	1.053	11.669
Lev	21613	0.471	0.204	0.064	0.472	0.953
PPE	21613	0.215	0.168	0.001	0.177	0.754
Loss	21613	0.150	0.357	0.000	0.000	1.000
Div	21613	0.654	0.476	0.000	1.000	1.000
InsHold	21613	0.459	0.226	0.004	0.475	0.915

续表

变量	样本量	平均值	标准差	最小值	中位数	最大值
Labor	21613	0.061	0.053	0.002	0.047	0.423
STD_CFO	21613	0.063	0.144	0.001	0.018	1.272
STD_Sales	21613	0.235	0.603	0.002	0.055	5.705
STD_Net_Hire	21613	0.723	1.433	0.116	0.479	23.359
AbsACC	21613	0.057	0.058	0.001	0.039	0.348
InvEff	21613	0.024	0.026	0.000	0.016	0.196

9.4 实证结果与分析

9.4.1 基准回归分析

表9-2为数字金融发展对企业劳动投资效率影响的回归分析结果。第(1)列和第(2)列中DF的回归系数分别为-0.155和-0.146,均达到1%的显著性水平,表明无论是否考虑控制变量的影响,数字金融发展都有助于提升企业劳动投资效率。从经济意义上看,基于第(2)列中DF的回归系数及表9-1描述性统计结果计算可知,数字金融发展水平每提升1个标准差,企业劳动投资效率提升约15.65%,大体相当于样本均值的74.52%,具有非常显著的经济意义。笔者进一步分别以OverLI和UnderLI为被解释变量进行回归,第(3)列中DF的回归系数在1%的水平上显著为负,第(4)列中DF的回归系数未通过显著性检验,表明数字金融对企业劳动投资效率的提升主要体现为抑制劳动投资过度,而非缓解劳动投资不足。综合上述分析可知,前文研究假说H9-1得到支持。

表 9−2　　　　　　　　　基准回归分析

变量	(1) LIE	(2) LIE	(3) OverLI	(4) UnderLI
DF	−0.155***	−0.146***	−0.450***	0.020
	(−3.004)	(−2.892)	(−3.044)	(1.042)
MB		0.024***	0.033***	0.010***
		(10.288)	(7.262)	(6.241)
Size		0.011***	0.010	0.016***
		(3.416)	(1.323)	(8.644)
Quick		0.005**	0.005	0.007***
		(2.120)	(0.752)	(5.789)
Lev		0.048***	0.093**	0.002
		(2.779)	(2.162)	(0.175)
PPE		−0.049***	−0.069*	−0.024**
		(−3.092)	(−1.709)	(−2.353)
Loss		0.003	−0.019	0.012**
		(0.380)	(−0.965)	(2.403)
Div		−0.032***	−0.049***	−0.029***
		(−4.677)	(−2.810)	(−8.136)
InsHold		−0.013	−0.023	−0.011
		(−1.073)	(−0.762)	(−1.642)
Labor		−0.542***	−1.388***	0.010
		(−8.674)	(−9.353)	(0.307)
STD_CFO		−0.057**	−0.146*	−0.028**
		(−2.396)	(−1.822)	(−2.234)
STD_Sales		0.007	0.015	0.002
		(1.382)	(1.025)	(0.715)
STD_Net_Hire		0.003**	−0.004	0.006***
		(2.053)	(−0.784)	(6.171)
AbsACC		0.237***	0.249**	0.198***
		(5.021)	(2.225)	(7.028)

续表

变量	(1) LIE	(2) LIE	(3) OverLI	(4) UnderLI
InvEff		0.970*** (9.645)	1.410*** (6.246)	0.470*** (7.048)
_cons	0.639*** (7.761)	0.363*** (3.375)	1.623*** (5.172)	−0.128*** (−2.663)
Year	控制	控制	控制	控制
Industry	控制	控制	控制	控制
Province	控制	控制	控制	控制
N	21613	21613	7721	13892
adj. R²	0.076	0.104	0.167	0.191

郭峰等（2020）指出，前述数字普惠金融指数主要从覆盖广度（DF_breadth）、使用深度（DF_depth）、数字化程度（DF_digital）等三个方面进行构建。为了细化研究主题相关内容，笔者还进一步探究了数字金融在这三个方面发展水平的提升是否也会对企业劳动投资效率产生显著的积极影响。表9—3的回归分析结果显示，DF_breadth、DF_depth、DF_digital的回归系数均小于0且分别达到10%、5%和1%的显著性水平，表明数字金融覆盖广度、使用深度、数字化程度的协调、全面发展均有助于提升企业劳动投资效率，进一步支持了前述研究假说H9—1。

表9—3　　　　　　　　细分数字金融维度

变量	(1) LIE	(2) LIE	(3) LIE
DF_breadth	−0.071* (−1.650)		
DF_depth		−0.066** (−2.307)	

第9章　数字金融发展与企业劳动投资效率

续表

变量	（1）LIE	（2）LIE	（3）LIE
DF_digital			−0.059***
			(−3.226)
Controls	控制	控制	控制
_cons	0.282***	0.303***	0.242***
	(3.143)	(3.080)	(2.905)
Year	控制	控制	控制
Industry	控制	控制	控制
Province	控制	控制	控制
N	21613	21613	21613
adj. R^2	0.104	0.104	0.104

9.4.2 稳健性检验

（1）内生性处理

针对可能存在的内生性问题，笔者借鉴李春涛等（2020）、唐松等（2020）的做法，分别选取与特定省份相毗邻的其他省份数字金融发展水平的平均值（Bordermean）、各省份互联网普及率（Internet）作为工具变量再次对研究假说进行检验，表9-4为两阶段最小二乘法（2SLS）的回归结果。第一阶段结果显示，第（1）列中Bordermean的回归系数为0.010，第（3）列中Internet的回归系数为0.477，均达到1%的显著性水平，表明其他毗邻省份数字金融发展水平、本省份互联网普及率均与数字金融发展水平具有显著正向关联。同时，相关检验结果拒绝了工具变量不可识别及弱工具变量原假设。第二阶段结果显示，第（2）列中DF的回归系数为−0.170，第（4）列中DF的回归系数为−0.177，分别达到1%和5%的显著性水平且其绝对值较基准回归分析中有所增大，符合工具变量法的回归结果逻辑，表明在考虑了内生性问题的潜在影响后，数字金融发展仍然有助于提升企业劳动投资效率，进一步支持了基准回归分析结论。

表 9-4　　　　　　　　　　工具变量法

变量	(1) DF	(2) LIE	(3) DF	(4) LIE
Bordermean	0.010*** (64.461)			
Internet			0.477*** (25.026)	
DF		−0.170*** (−2.694)		−0.177** (−2.071)
Controls	控制	控制	控制	控制
_cons	0.247*** (13.852)	0.388*** (3.200)	1.321*** (62.076)	0.396*** (2.973)
Year	控制	控制	控制	控制
Industry	控制	控制	控制	控制
Province	控制	控制	控制	控制
N	21613	21613	21613	21613
adj. R^2	0.998	0.104	0.996	0.104

(2) 替换核心变量

针对解释变量，笔者使用市级层面的数字金融指数（DF_City）替换前述基准回归分析中省级层面的数字金融指数再次进行回归分析。表9-5第(1)列中DF_City的回归系数为−0.173，达到5%的显著性水平，表明市级层面数字金融发展也有助于提升企业劳动投资效率。针对被解释变量，笔者参考孔东民等（2017）的做法，以企业劳动投资（Net_Hire）的年度—行业中位数为最优劳动投资标准，将企业劳动投资与其年度—行业中位数的差额取绝对值，再次测算企业劳动投资效率（LIE2）。表9-5第(2)列中DF的回归系数均在1%的水平上显著为负，表明在变更劳动投资效率测算方法之后，仍然支持基准回归分析结论。

(3) 子样本回归

2019年底发生的公共卫生事件对企业劳动投资行为产生了重大影响，

为了避免这一外部宏观事件对研究结论可靠性可能产生的负面效应，笔者剔除了 2020 年及以后的样本，再次进行检验。另外，笔者考虑到直辖市具有一定的行政和经济特殊性，企业劳动投资与数字金融发展可能会受到区别于普通省份的行政干预，因此剔除了注册地位于北京市、天津市、上海市、重庆市的企业样本，再次进行前述检验。表 9-5 第（3）列和第（4）列的实证结果仍然支持数字金融发展有助于提升企业劳动投资效率的结论。

表 9-5　　　　　　　　　　　稳健性检验

变量	（1）LIE	（2）LIE2	（3）LIE	（4）LIE
DF_City	−0.173** (−2.233)			
DF		−0.107*** (−3.007)	−0.232*** (−3.069)	−0.113*** (−2.614)
Controls	控制	控制	控制	控制
_cons	0.268*** (3.136)	0.346*** (4.566)	0.374** (2.566)	0.182** (2.005)
Year	控制	控制	控制	控制
Industry	控制	控制	控制	控制
Province	未控制	控制	控制	控制
City	控制	未控制	未控制	未控制
N	21613	21415	14289	16916
adj. R^2	0.104	0.112	0.097	0.111

9.5　作用机制检验

理论分析认为，在微观企业层面，数字金融发展具有融资效应及监督治理效应，不仅能够有效缓解劳动融资约束，而且能够有效监督管理者的机会主义行为，弱化委托代理冲突，从而提升企业劳动投资效率。基于此，本章进一步从融资约束及监督治理两个方面对数字金融发展提升企业劳动投资效率的作用机制进行检验。笔者参考江艇（2022）的建议，重点考察了数字金融发展对相关作用机制变量的影响，并进一步采用工具变量法来有效识别其中的因果关系。

9.5.1 融资效应

笔者参考 Hadlock 和 Pierce（2010）、曹慧平和丁怡帆（2024）的做法，使用取绝对值处理后的 SA 指数来表征企业融资约束水平，其数值越大，企业融资约束水平越高。表 9－6 第（1）列是企业融资约束对数字金融发展进行普通最小二乘法（OLS）回归分析的结果，DF 的回归系数为－0.046，达到 5% 的显著性水平，表明数字金融发展能够显著缓解企业融资约束。这有助于为企业根据实际需求及时调整劳动投资规模提供金融支持，避免劳动投资过度或不足，从而提升劳动投资效率。在第（2）列和第（3）列中，笔者进一步使用 Bordermean 及 Internet 两个工具变量进行了 2SLS 回归分析，DF 的回归系数均为负，分别达到 5% 和 1% 的显著性水平，支持了数字金融发展的融资效应。

表 9－6　　　　　　　　　　融资约束作用机制

变量	(1) SA	(2) SA	(3) SA
DF	－0.046** (－2.237)	－0.061** (－2.131)	－0.236*** (－4.177)
Controls	控制	控制	控制
_cons	3.924*** (34.032)	3.940*** (33.628)	4.123*** (32.438)
Year	控制	控制	控制
Industry	控制	控制	控制
Province	控制	控制	控制
N	21613	21613	21613
adj. R^2	0.372	0.372	0.370

9.5.2 监督治理效应

笔者借鉴权小锋等（2010）的做法，使用超额在职消费（Unperks）来表征管理者机会主义水平，其数值越大，管理者机会主义水平越高，委托代理冲突越严重。表9-7第（1）列为管理者超额在职消费对数字金融发展进行普通最小二乘法（OLS）回归分析的结果，DF的回归系数为-0.013，达到1%的显著性水平，表明数字金融发展能够显著抑制管理者超额在职消费，有效监督管理者的机会主义行为，弱化委托代理冲突，从而提升劳动投资效率。在第（2）列和第（3）列中，笔者进一步使用Bordermean及Internet两个工具变量进行了2SLS回归分析，DF的回归系数也均为负，分别达到1%和10%的显著性水平，支持了数字金融发展的监督治理效应。

表9-7　　　　　　　　　监督治理作用机制

变量	（1）	（2）	（3）
	UnPerks	UnPerks	UnPerks
DF	0.013***	0.015***	-0.016*
	(-3.779)	(-3.146)	(-1.828)
Controls	控制	控制	控制
_cons	0.073***	0.076***	0.076***
	(6.501)	(6.512)	(5.524)
Year	控制	控制	控制
Industry	控制	控制	控制
Province	控制	控制	控制
N	19773	19773	19773
adj. R^2	0.112	0.112	0.112

9.6　异质性分析

数字金融发展提升劳动投资效率还可能与企业本身属性特征、内外部治理水平及所处金融发展环境密切相关。为此，笔者进一步从上述三个方面考察可能存在的情景差异。

9.6.1 企业基本属性异质性

(1) 企业产权性质的影响

数字金融发展提升企业劳动投资效率会因企业产权性质差异而存在不同。从融资效应来看，相较于国有企业，非国有企业在外部融资过程中普遍受到"所有制歧视"及"规模歧视"，面临更高的融资约束水平。数字金融发展带来的信贷资金可得性提升能够对缓解非国有企业融资约束起到相对更高的效用，从而在更大程度上弱化非国有企业因资金约束造成的非效率劳动投资。但从监督治理效应来看，国有企业所有者缺位的特点造成了管理者"内部人"控制的局面。国有企业高管通过迎合政府促进就业、降低失业率的政治目标，实现了自身职位晋升等私利，因此，他们具有较强的动机和能力进行自利的劳动过度投资。使得数字金融通过发挥监督治理效应能够在更大程度提升国有企业劳动投资效率。为了对此进行检验，笔者将样本划分为国有企业（SOE=1）和非国有企业（SOE=0）两组分别进行回归，表9－8第(1)列和第(2)列为相应的回归分析结果，DF的回归系数仅在国有企业中显著为负，表明从产权性质角度来看，数字金融发展对企业劳动投资效率的提升主要体现为监督治理效应。

(2) 企业生命周期的影响

数字金融发展对企业劳动投资效率的提升也会因企业所处生命周期不同而存在一定差别。基于融资效应视角，处于成长期的企业因暂未盈利或较少盈利而没有稳定的内部现金流，同时较高的经营风险使得信贷资金供给者持有相对保守谨慎的态度，因此其外部融资具有一定难度，面临较高的内外部资金约束。数字金融发展通过提升外部资金获取的便捷性及可得性进而削弱了融资约束在成长期企业中表现出的更强的敏感性，能在更大程度上缓解成长期企业因流动性不足造成的劳动投资效率低下的问题。基于监督治理视角，成熟期企业中的委托代理问题逐渐显现，管理者商业帝国构建、超额在职消费及享受安定生活等私利行为不利于企业劳动投资效率的提升。衰退期企业的委托代理问题进一步加重(刘焱等，2015)，管理者的机会主义行为会使得企业劳动投资效率愈发低下。数字金融通过发挥监督治理效应来弱化委托代理冲突，进而改善劳动投资效率的边际效应在成熟期及衰退期企业中可能更为明显。为了对此进行检验，笔者参考Dickinson(2011)的做法，结合经营、投资与筹资三类净现金流指标的正负，将企业所处生命周期划分为成长期(LifeCycle=1)、成熟期(LifeCycle=2)与衰退期(LifeCycle=3)，进而分组进行回归，表9-8第(3)—(5)列为相应的回归分析结果，DF的回归系数仅在成长期企业中显著为负，表明从企业生命周期角度来看，数字金融发展对企业劳动投资效率的提升主要体现为融资效应。

表9-8 企业基本属性异质性

变量	(1) SOE=1 LIE	(2) SOE=0 LIE	(3) LifeCycle=1 LIE	(4) LifeCycle=2 LIE	(5) LifeCycle=3 LIE
DF	−0.200*** (−2.606)	−0.052 (−0.845)	−0.217** (−2.259)	−0.036 (−0.943)	−0.124 (−1.185)
Controls	控制	控制	控制	控制	控制
_cons	0.488*** (3.160)	0.294* (1.907)	0.434** (2.453)	0.180* (1.828)	0.417* (1.791)
Year	控制	控制	控制	控制	控制
Industry	控制	控制	控制	控制	控制
Province	控制	控制	控制	控制	控制
N	10120	11020	8697	7986	4785
adj. R^2	0.086	0.132	0.100	0.106	0.111

9.6.2 企业内外部治理水平异质性

(1) 内部控制质量的影响

企业劳动投资效率会因内部控制质量高低而表现出不同水平，进而影响到数字金融与劳动投资效率之间的关系。从融资效应来看，高质量内部控制能够全面提升企业财务信息与非财务信息质量，降低企业内外部信息不对称程度，进而缓解融资约束（顾奋玲、解角羊，2018），提升企业劳动投资效率。从监督治理效应来看，高质量内部控制既能够有效监督和制衡管理者的机会主义行为，也能够提升管理者的薪酬业绩敏感性，实现企业价值与管理者利益同步最大化，从而弱化委托代理冲突，促进企业劳动投资效率有效提升（李小荣等，2021）。由此可知，高质量内部控制是确保和提升企业劳动投资效率的内部制度保障，这可能导致数字金融在高质量内部控制企业中提升劳动投资效率的边际效用有所弱化。为了对此进行检验，笔者使用迪博内部控制指数来表征企业内部控制质量，并将大于年度行业中位数的样本确定为内部控制质量较高组别（ICQ_D=1），其余则为较低组别（ICQ_D=0），对两组分别进行回归，表9-9第（1）列和第（2）列为相应的回归分析结果，DF的回归系数仅在内部控制质量较低的企业中显著为负，表明高质量内部控制的确削弱了数字金融对企业劳动投资效率的提升效应。

（2）机构投资者持股类型的影响

机构投资者作为核心外部治理主体也会显著影响企业劳动投资效率。然而，对交易型机构投资者和稳定型机构投资者其产生的融资效应和监督治理效应却存在显著差别。相较于短期逐利导向的交易型机构投资者，长期持股的稳定型机构投资者更具价值导向，不仅能够为企业在各个发展阶段获取所需资金提供重要保障，缓解其所面临的资金困境；而且依托专业人才及信息解读等技术优势，能够强化对企业的监督治理，有效约束管理者的自利劳动投资行为，从而提升企业劳动投资效率。由此可知，稳定型机构投资者持股可能会在一定程度上弱化数字金融对企业劳动投资效率的提升效应。为了对此进行检验，笔者参照杨棉之等（2020）的做法，以机构投资者当年持股比例与其前三年持股比例标准差的比值来表征机构投资者持股稳定性，并将小于年度行业中位数的样本确定为交易型机构投资者持股组别（Stability=1），其余则为稳定型机构投资者持股组别（Stability=0），对两组分别进行回归，表9-9第（3）列和第（4）列为相应的回归分析结果，DF的回归系数仅在交易型机构投资者持股的企业中显著为负，表明稳定型机构投资者持股也削弱了数字金融对企业劳动投资效率的提升效应。

表 9-9　　　　　　　　　　　　企业治理水平异质性

变量	(1) ICQ_D=1 LIE	(2) ICQ_D=0 LIE	(3) Stability=1 LIE	(4) Stability=0 LIE
DF	−0.108 (−1.609)	−0.196** (−2.373)	−0.175** (−2.284)	−0.100 (−1.639)
Controls	控制	控制	控制	控制
_cons	0.259* (1.897)	0.408** (2.421)	0.390** (2.469)	0.268* (1.936)
Year	控制	控制	控制	控制
Industry	控制	控制	控制	控制
Province	控制	控制	控制	控制
N	10305	10411	10724	10831
adj. R^2	0.090	0.112	0.097	0.115

9.6.3 所处金融发展环境异质性

(1) 传统金融发展水平的影响

传统金融发展水平也会影响数字金融与企业劳动投资效率之间的关系。理论上，传统金融与数字金融既可能互补也可能替代。一方面，传统金融发展水平越高，越能充分有效地供应数字金融发展所需的资金、人才及金融基础设施，为数字金融发展奠定良好软硬件基础（王喆等，2021）。因此，数字金融在传统金融发展越充分的地区越能够有效地提升企业劳动投资效率。另一方面，传统金融抑制程度越高，越无法实现金融有效供给，这也为数字金融的快速发展提供了广阔的市场空间及重要的驱动力量（黄益平、黄卓，2018）。基于这一逻辑，数字金融也可能在传统金融发展水平较低的地区更能抑制企业非效率劳动投资。为了对此进行检验，笔者参照唐松等（2020）

的做法，使用省级层面的贷款规模与 GDP 之比来测度各省份的传统金融发展水平，并将大于年度中位数的样本确定为传统金融发展水平较高组别（FD_D=1），其余则为发展水平较低组别（FD_D=0），对两组分别进行回归，表 9-10 第（1）列和第（2）列为相应的回归分析结果，DF 回归系数的取值及显著性水平在传统金融发展较好的地区中更大，表明传统金融发展为数字金融提升企业劳动投资效率打下了坚实的基础。

（2）金融监管强度的影响

数字金融是金融依托数字技术进行迭代创新的产物。在数字技术影响下，数字金融风险往往更具隐蔽性，传播速度更快且经济后果也更严重。近些年，频繁出现的数据泄漏、金融欺诈等风险事件不仅对传统金融监管有效性提出了严峻的挑战，也对金融体系整体的安全稳定运行造成了严重的冲击。因此，数字金融的有序发展不仅要依托数字技术的规范使用，更离不开政府监管部门的严格管控。强有力的金融监管能够促进数字金融实体机构规范使用数字技术，不断提升专业服务水平，从而更好地优化服务实体经济质效。由此可知，数字金融可能在金融监管较为严格的地区能够更为有效地提升企业劳动投资效率。为了对此进行检验，笔者参照张晓燕和姬家豪（2023）的做法，使用省级层面的财政金融监管支出与地方财政一般预算支出之比来测度各省份金融监管强度，并将大于年度中位数的样本确定为监管强度较高组别（FR_D=1），其余则为监管强度较低组别（FR_D=0），对两组分别进行回归，表 9-10 第（3）列和第（4）列为相应的回归分析结果，DF 的回归系数仅在金融监管强度较高的地区中显著为负，表明强有力的金融监管有助于推动数字金融有序发展，从而更好地提升企业劳动投资效率。

表 9-10　　　　　　　　　所处金融发展环境异质性

变量	(1) FD_D=1 LIE	(2) FD_D=0 LIE	(3) FR_D=1 LIE	(4) FR_D=0 LIE
DF	-0.169** (-2.011)	-0.099* (-1.646)	-0.209** (-2.200)	-0.080 (-1.332)
Controls	控制	控制	控制	控制
_cons	0.346** (2.157)	0.240** (2.189)	0.402** (2.238)	0.323*** (2.716)
Year	控制	控制	控制	控制
Industry	控制	控制	控制	控制
Province	控制	控制	控制	控制
N	9674	11939	11169	10444
adj. R^2	0.106	0.101	0.102	0.114

9.7　本章小结

做好数字金融这篇大文章是提升金融服务实体经济质效的客观要求和重要抓手。笔者使用北京大学数字普惠金融指数并匹配沪深 A 股上市企业的相关数据，实证考察了数字金融发展对企业劳动投资效率的影响效应及作用机制，得出如下研究结论：第一，数字金融发展水平的提升能够有效促进企业劳动投资效率的改善；第二，数字金融发展具有融资效应和监督治理效应，不仅能够明显弱化企业融资约束，而且能够有效约束管理者的机会主义行为，从而提升企业劳动投资效率；第三，数字金融发展提升劳动投资效率与企业本身属性特征、内外部治理水平、所处金融发展环境有关，在国有企业和成长期企业、内部控制质量较低和交易型机构投资者持股企业、传统金融发展水平较高和金融监管水平较强地区的企业中表现得更为突出。

本章可能具有以下几点边际贡献：首先，本章以数字经济时代数字金融的迅猛发展为研究背景及切入点，不仅扩充了企业劳动投资效率影响因素的文献体系，也为数字金融发展服务实体经济质效提升提供了新的视角和经验证据。其次，本章从融资效应和监督治理效应两个视角深入分析并揭示了数字金融发展影响企业劳动投资效率的作用机制与路径，有利于深层次认知数字金融与实体经济的良性互动机制。最后，本章从企业本身属性特征、内外部治理水平、所处地区金融发展环境等三个方面考察了数字金融发展影响企业劳动投资效率的可能情景差异，能够助力相关部门精准施策，更好地促进数字金融服务实体经济高质量发展。

第 10 章　主要结论与政策建议

10.1　主要结论

劳动力是促进经济高质量发展的核心要素投入，我国过去依靠大量低成本的劳动力投入创造了经济高速增长的奇迹。但是，近年来我国的人口形势出现了一些新的变化，人口老龄化程度不断加深，劳动年龄人口比重不断下降，导致企业面临的"招工难""用工贵"等问题持续凸显，给微观企业提升全要素生产率及宏观经济改善发展质量都带来了严峻的挑战。在此背景下，探寻合理配置企业劳动要素的有效路径及可行手段是现实而亟须的。基于此，本研究以中国沪深 A 股上市企业为研究对象，采用理论阐述、实证检验、比较分析相结合的方法，聚焦企业内部治理结构与外部治理机制，全面考察如何有效抑制企业非效率劳动投资，提升企业劳动投资效率，得到如下研究结论。

第一，基于股权结构配置角度的检验表明，多个大股东会显著降低企业劳动投资效率。其作用机制主要在于多个大股东之间的相互冲突与摩擦会弱化其对管理者的监督制约，从而加剧第一类委托代理冲突，对企业劳动投资效率产生负面影响。进一步研究还发现，当企业管理者薪酬激励水平及外部审计监督质量较高、所处省份市场化程度较高、受儒家文化影响较深时，多个大股东降低企业劳动投资效率的效应有所减弱。

第二，基于董事会治理角度的检验表明，董事会中女性成员的增加会显著降低企业劳动投资效率。女性董事的海外经历和学术经历、企业所处地区较高的市场化程度有助于弱化其对劳动投资效率的不利影响；企业所处地区较强的儒家文化氛围则会加剧女性董事对企业劳动投资效率的不利影响。

第三，基于管理者薪酬激励角度的检验表明，管理者货币薪酬总额（绝对薪酬激励）及内部薪酬差距（相对薪酬激励）的增加均能有效提升企业劳动投资效率。其作用机制主要在于管理者薪酬激励能够有效缓解第一类委托代理冲突，从而增加管理者劳动投资决策合理性，提升企业劳动投资效率。进一步研究还发现，较大的管理者权力会削弱薪酬激励对企业劳动投资效率的积极影响，而较强的管理者能力则能强化薪酬激励对企业劳动投资效率的积极影响。

第四，基于会计信息质量角度的检验表明，更可比的会计信息既能够抑制劳动投资过度，也能够缓解劳动投资不足，从而全面提升企业劳动投资效率。其作用机制主要在于会计信息可比性能够降低企业内外部信息不对称、缓解委托代理冲突，从而有助于提升企业劳动投资效率。笔者在考虑与其他内外部治理机制的协同效应后还发现，会计信息可比性提高劳动投资效率在企业内部控制质量较低、非国际"四大"会计师事务所审计、证券分析师关注度较低情况下更明显。

第五，基于审计监督治理角度的检验表明，行业专长审计师能够有效提升企业劳动投资效率，对劳动投资过度和劳动投资不足均能产生显著的积极影响，其作用机制主要在于审计师行业专长能够更好地发挥外部监督治理功能与信息优化功能，降低企业内外部信息不对称及管理者决策信息不确定性，从而提升企业劳动投资效率。进一步研究还发现，行业专长审计师提升劳动投资效率在国有企业、内部控制质量较低的企业、处于法治环境较好地区的企业中更显著。

第六，基于外部市场治理角度的检验表明，产品市场竞争能够显著提升企业劳动投资效率。其作用机制主要在于产品市场竞争能够强化对管理者及大股东的监督制约，有效缓解两类委托代理冲突，从而提升企业劳动投资效率。进一步研究还发现，产品市场竞争对企业劳动投资效率的提升效应在市场竞争地位和经营多元化程度较低的企业中更明显，较低的内部控制质量和交易型机构投资者持股也能强化产品市场竞争对企业劳动投资效率的积极影响。

第七，基于金融发展角度的检验表明，数字金融发展能够有效提升企业劳动投资效率。其作用机制主要在于数字金融发展具有融资效应和监督治理效应，不仅能够显著降低企业融资约束，还能够有效约束管理者的机会主义行为，从而提升企业劳动投资效率。进一步研究还发现，数字金融发展对企业劳动投资效率的提升效应在国有企业、处于成长期的企业、内部控制质量较低的企业、交易型机构投资者持股的企业中表现得更为明显，同时传统金融发展水平的提高与金融监管水平的加强能够强化数字金融发展对企业劳动投资效率的提升效应。

10.2 政策建议

为有效提升企业劳动投资效率，促进企业高质量发展，笔者根据上述主要研究结论，提出如下对策建议供理论界和实务部门参考。

第一，从股权结构配置的角度来看，一方面，虽然现有文献从企业经营管理的各方面提供了多个大股东发挥监督效应的翔实证据，但是本研究的结果表明，多个大股东之间并非总是监督治理，因而在实践中企业不能对多个大股东相互冲突与摩擦所带来的负面效应视而不见。企业要全面认知多个大股东所产生的不同效应，尤其是要结合自身实际情况，优化股权结构安排，通过顶层制度设计来主动协调多个大股东因目标追求及价值导向差异所引发的冲突与矛盾，从而强化对管理者的监督约束，推动内部治理效率的改善，提升企业劳动投资效率。另一方面，虽然本文从劳动投资效率视角揭示了多个大股东所带来的负面效应，但是也发现企业仍然可以通过加强对管理者的薪酬激励及聘请高质量审计师进行审计监督来弱化此项不利影响。因此，企业要充分发挥激励机制及审计监督的治理效能，加强对管理者私利行为的约束，从而赋能企业劳动投资效率提升。同时，政府相关部门要不断强化对儒家文化等传统文化中的优秀思想进行宣传、推广，不断推进和深化区域市场化水平建设，改善企业所处外部制度环境，弱化多个大股东可能产生的负面效应。

第二，从董事会治理的角度来看，首先，虽然大量文献证实了女性董事对公司治理的积极影响，但是本研究基于劳动投资效率的检验结果却表明，女性董事的增加并不一定总是改善公司治理，在一定条件下反而可能会存在负面效应。因此，企业及各利益相关者要全面、客观地认知女性董事的公司治理效应。其次，从女性董事自身来讲，她们要有针对性地及早制定职业发展规划，通过后天的不断学习与深造来提高自身人力资本水平，从而更好地在职场中取得应有的话语权，利用性别优势发挥改善公司治理的积极作用。最后，女性董事能否发挥积极作用也在一定程度上取决于其所处的外部制度环境。针对儒家传统文化，政府相关部门不仅要加强对其中优秀思想的宣传与推广，也要摒弃那些不合时宜的内容。此外，政府还要不断推进和深化市场化改革，建立有利于保障男女平等的制度环境，从实质上保护女性在职场中能够获得应有的权益。

第三，从管理者薪酬激励的角度来看，首先，企业在制定管理者薪酬激励政策时，除了要考虑绝对薪酬水平之外，还应该重视适当拉开管理者之间的薪酬差距，以更好地匹配管理者水平和能力，从而更好地激发其竞争意识，激励其承担更多经营管理责任，促进企业劳动要素资源的优化配置。其次，过大的管理者权力可能会促使管理者操纵薪酬委员会，影响对自身薪酬政策的制定，从而削弱薪酬激励的效果。因此，企业在制定和实施管理者薪酬激励政策时，要结合管理者权力的实际情况考虑薪酬政策制定的合理性与有效性。最后，管理者薪酬激励政策的制定与实施是对管理者能力的认可和回报，因此，对能力较强的管理者而言，企业更应该强化对其的绝对薪酬激励和相对薪酬激励，促进其更好地履行经营管理职责。

第四，从会计信息质量的角度来看，首先，会计信息可比性能够有效改善企业劳动要素配置效率。因此，企业应主动积极落实会计准则实施的相关要求，提升会计信息可比性。尤其是在公司其他内外部治理机制不够完善情况下，更应该重视发挥会计信息可比性的积极效应以合理有效配置劳动要

第 10 章　主要结论与政策建议

素,改善自身经营效率。其次,公司各利益相关者应不断提高自身专业素养,在公司内外部信息环境较差及代理冲突较为严重时,积极主动搜寻、匹配同行业竞争者的相关会计信息,通过对同行业竞争者会计信息的深入对比、剖析来监督和约束管理者的自利行为,协调管理者与公司利益趋于一致,切实维护自身权益。最后,监管部门应进一步加强督促企业严格、认真地执行会计准则,提高会计信息可比性,以此营造良好的市场监督环境。同时,监管部门要注意结合公司内部控制质量、审计质量、证券分析师关注度等公司内外部治理机制情况,因企施策,对公司开展有针对性的监督指导,有效约束管理者自利行为,引导企业对劳动要素进行高效配置,促进企业提质增效及与社会和谐稳定发展。

第五,从审计监督治理的角度来看,首先,经济高质量发展对提升注册会计师行业服务能力提出了新要求,本研究从劳动投资效率的角度证实了会计师事务所积极培育行业专长具有知识溢出效应,不仅能够更好地行使外部监督治理职能,而且还可以更好地发挥信息优化功能。这为会计师事务所向做优做特、做专做精转型,以及业务向做好传统审计鉴证服务与拓展增值服务并重转型,进而实现内涵式发展,提供了有效路径。其次,企业劳动投资行为受到信息不对称与信息不确定性等信息问题的影响,企业应进一步结合自身实际情况,加强公司内外部治理机制建设,积极营造良好信息生态,降低信息问题对企业经营效率的负面影响。最后,就业是关系国计民生的大事,也是经济高质量发展的应有之义。微观企业劳动投资情况是反映宏观就业形势的"晴雨表"。政府相关部门要积极督促企业完善各项治理机制,引导企业对劳动要素进行合理有效配置;还要结合企业产权性质、内部控制质量高低、区域法治环境发展水平等情况,对会计师事务所开展有针对性的监督指导,有效推动和支持会计师事务所提升审计鉴证与增值服务能力。

第六,从外部市场治理机制的角度来看,首先,产品市场竞争有助于改善企业劳动力资源配置效率,政府相关部门要坚定不移地继续完善制度健全、功能完备、竞争有序的市场经济体制,营造平等开放和竞争有序的市场竞争环境,帮助企业形成合理的竞争格局,从而发挥其外部治理作用,提升企业劳动投资效率。其次,投资者合理利用企业所处行业特征进行投资决策。产品市场竞争具有增量信息,意味着较低的委托代理冲突,因此,投资者可以利用这些信息更好地进行投资对象的甄选,从而避免投资损失。最后,企业,尤其是市场竞争地位和经营多元化程度较低的企业及内外部治理水平欠佳的企业,更应该积极主动参与产品市场竞争,充分发挥产品市场竞争对管理者的监督约束作用,抑制其机会主义劳动投资行为,助力企业高质量发展。

第七,从金融发展的角度来看,首先,数字金融发展表现出较为明显的实体经济赋能效应。在我国整体金融发展水平欠发达、公司治理机制欠完善的情况下,政府相关部门要进一步加强数字基础设施建设,支持数字技术相关产业发展,着力推动科技赋能金融服务转型升级,促进数字金融覆盖广度、使用深度、数字化程度协调发展,从而更好助力金融服务实体经济质效提升。其次,企业主体,尤其是委托代理冲突较为严重的国有企业、在传统金融体系下处于贷款弱势方的成长型企业、公司治理水平较为低下其他企业,要善于利用金融与数字技术有机融合带来的发展契机,有效突破因融资约束及治理水平欠佳造成的可持续发展困境,不断赋能自身高质量发展。再次,数字金融发展需要与传统金融协同推进,要注重打破传统金融发展的区域不平衡现象。在传统金融发展欠佳的地区,政府相关部门要强化政策引导,鼓励传统金融机构主动拥抱数字技术,促进传统金融与数字金融的有机融合,形成两者之间的良性互动,实现金融资源分布的地区均衡。最后,数字金融的有序发展还要依托强有力的金融监管。监管部门不仅要加强对各类创新型数字金融产品的实质性审核与监管,严防金融欺诈、非法集资等风险情形发生;还要不断创新数字金融监管模式与方法,为数字金融高质量发展营造公平有序的市场竞争环境。

10.3 研究局限与未来展望

本研究全面考察了企业内部治理结构与外部治理机制对企业劳动投资效

第 10 章 主要结论与政策建议

率的影响,并根据研究结论针对性地提出了对策建议。这对企业完善内部治理结构与外部治理机制,进而改善治理水平,提升劳动投资效率具有重要现实意义。但是本研究仍存在一些有待改进之处,未来可聚焦于此进行进一步探讨。

一是本研究从股权结构、董事会治理、薪酬激励、会计信息质量、审计监督、产品市场竞争、数字金融发展等方面考察了其各自对企业劳动投资效率的影响,虽然这些维度较为全面地涉及了企业内部治理结构和外部治理机制,但是其中绝大部分仍然是传统公司治理所关注的治理方式。近年来,政府相关部门创新监管思维和理念,在融入新兴技术手段的基础上,不断推出了新的监管机制和方法。例如,"互动易"平台和"上证 e 互动"平台、中证中小投资者服务中心、证券交易所非处罚性监管等。已有文献表明,这些新型监管方式也能够产生明显的公司治理效应,但却鲜有研究关注其对企业劳动投资效率可能产生的积极影响。后续可聚焦于此展开进一步研究。

二是随着大数据、云计算、人工智能、区块链等新兴数字技术的不断涌现和革新,我国数字经济得到了快速发展,作为数字技术与实体经济深度融合的企业数字化转型也在不断推进,使企业经营管理产生了颠覆性变革。虽然有部分研究注意到了数字经济发展及数字化转型对企业劳动投资效率的影响,但是数字经济发展及数字化转型是对企业生产运营管理的全方位变革与重塑,会对企业发展产生多维度的颠覆性影响,因而其对企业劳动投资效率的影响机制仍有待进一步扩展。

三是限于数据可得性,本研究的研究对象主要集中在上市企业。相较于非上市企业,上市企业的经营规模一般较大,面临的监管更严格,公司治理机制更完善,研究所得结论无疑具有一定代表性。尽管如此,非上市企业(尤其是中小企业)的公司治理水平欠佳、信息透明度较低、融资约束更高,可能面临更低的劳动投资效率。因此,对中小企业非效率劳动投资治理机制的研究也具有很强的现实意义。在后续研究过程中,研究者可以考虑克服数据可得性问题,进一步扩大样本范围,将广大中小企业纳入研究对象。

参考文献

[1] 卜君,孙光国. 环境不确定性会影响企业劳动投资效率吗？[J]. 经济管理,2020,42(10):23-38.

[2] 蔡春,鲜文铎. 会计师事务所行业专长与审计质量相关性的检验：来自中国上市公司审计市场的经验证据[J]. 会计研究,2007(6):41-47.

[3] 曹慧平,丁怡帆. 金融供给改善与企业劳动力投资效率：商业银行网点分布的证据[J]. 广东财经大学学报,2024,39(1):54-69.

[4] 曾庆生,陈信元. 国家控股、超额雇员与劳动力成本[J]. 经济研究,2006(5):74-86.

[5] 曾伟强,李延喜,张婷婷,等. 行业竞争是外部治理机制还是外部诱导因素：基于中国上市公司盈余管理的经验证据[J]. 南开管理评论,2016,19(4):75-86.

[6] 陈德球,步丹璐. 管理层能力、权力特征与薪酬差距[J]. 山西财经大学学报,2015,37(3):91-101.

[7] 陈冬华,陈富生,沈永建,等. 高管继任、职工薪酬与隐性契约：基于中国上市公司的经验证据[J]. 经济研究,2011,46(S2):100-111.

[8] 陈婧,方军雄,秦璇. 证券分析师跟踪与企业劳动投资效率的改善[J]. 投资研究,2018,37(12):80-99.

[9] 陈克兢. 非控股大股东退出威胁能降低企业代理成本吗[J]. 南开管理评论,2019,22(4):161-175.

[10] 陈琳,李清. 会计信息可比性与企业全要素生产率提升：信息治

理与同群学习效应的作用机制［J］．现代财经（天津财经大学学报），2024（11）：56－75．

［11］陈小林，王玉涛，陈运森．事务所规模、审计行业专长与知情交易概率［J］．会计研究，2013（2）：69－77．

［12］陈晓，王琨．关联交易、公司治理与国有股改革：来自我国资本市场的实证证据［J］．经济研究，2005（4）：77－86，128．

［13］陈修德，梁彤缨，雷鹏，等．高管薪酬激励对企业研发效率的影响效应研究［J］．科研管理，2015，36（9）：26－35．

［14］陈邑早，陈艳，刘家镇，等．非效率劳动投资是薪酬激励失效吗？——基于契约参照点效应的证据［J］．管理评论，2024，36（7）：219－231．

［15］陈邑早，岳新茹．数字技术何以促进企业劳动投资效率提升？［J］．经济评论，2023（4）：51－64．

［16］陈瑜阳，柳颖，林慧．客户集中度与劳动投资效率［J］．投资研究，2023，42（6）：50－79．

［17］陈中飞，江康奇．数字金融发展与企业全要素生产率［J］．经济学动态，2021（10）：82－99．

［18］褚剑，方军雄．卖空约束放松能够改善企业劳动投资效率吗？［J］．外国经济与管理，2020，42（2）：84－96．

［19］翟淑萍，韩贤，毛文霞．数字经济发展能提高企业劳动投资效率吗［J］．当代财经，2022（1）：78－89．

［20］翟淑萍，韩贤，张晓琳，等．数字金融能降低企业债务违约风险吗［J］．会计研究，2022（2）：117－131．

［21］董小红，潘成双，吕静．数字金融有助于降低企业违规吗？——基于A股上市公司的实证研究［J］．外国经济与管理，2024，46（9）：17－30．

［22］杜善重．数字金融的公司治理效应：基于非家族股东治理视角［J］．财贸经济，2022，43（2）：68－82．

[23] 范红忠, 冯山, 张誉航. 女性董事与企业寻租：基于中国上市公司的证据 [J]. 经济与管理研究, 2019, 40 (5)：128－144.

[24] 范经华, 张雅曼, 刘启亮. 内部控制、审计师行业专长、应计与真实盈余管理 [J]. 会计研究, 2013 (4)：81－88.

[25] 方红星, 金玉娜. 高质量内部控制能抑制盈余管理吗？——基于自愿性内部控制鉴证报告的经验研究 [J]. 会计研究, 2011 (8)：53－60, 96.

[26] 方军雄, 于传荣. 股价崩盘的积极效应：基于劳动投资效率的发现 [J]. 金融科学, 2020 (2)：25－48.

[27] 付光新, 蒋守芬, 张志平. 混合所有制改革与劳动投资效率：源自沪深A股国有上市公司的经验证据 [J]. 东岳论丛, 2024, 45 (8)：116－127, 192.

[28] 淦未宇, 徐细雄, 刘曼. 儒家传统与员工雇佣保障：文化的力量 [J]. 上海财经大学学报, 2020, 22 (1)：66－84.

[29] 顾奋玲, 解角羊. 内部控制缺陷、审计师意见与企业融资约束：基于中国A股主板上市公司的经验数据 [J]. 会计研究, 2018 (12)：77－84.

[30] 顾海峰, 朱慧萍. 高管薪酬差距促进了企业创新投资吗——基于中国A股上市公司的证据 [J]. 会计研究, 2021 (12)：107－120.

[31] 管考磊. 劳动投资效率会影响企业创新吗——来自中国上市公司的经验证据 [J]. 当代财经, 2021 (3)：136－148.

[32] 郭峰, 王靖一, 王芳, 等. 测度中国数字普惠金融发展：指数编制与空间特征 [J]. 经济学 (季刊), 2020, 19 (4)：1401－1418.

[33] 郭照蕊, 黄俊. 高质量审计与上市公司商誉泡沫 [J]. 审计研究, 2020 (4)：80－89.

[34] 郝东洋, 王静. 审计师行业专长降低了公司权益资本成本吗？——基于法制环境与产权性质的分析 [J]. 财经研究, 2015 (3)：132－144.

[35] 胡令, 王靖宇. 产品市场竞争与企业创新效率: 基于准自然实验的研究 [J]. 现代经济探讨, 2020 (9): 98-106.

[36] 黄益平, 黄卓. 中国的数字金融发展: 现在与未来 [J]. 经济学(季刊), 2018, 17 (4): 1489-1502.

[37] 江艇. 因果推断经验研究中的中介效应与调节效应 [J]. 中国工业经济, 2022 (5): 100-120.

[38] 江轩宇, 申丹琳, 李颖. 会计信息可比性影响企业创新吗 [J]. 南开管理评论, 2017, 20 (4): 82-92.

[39] 姜付秀, 蔡欣妮, 朱冰. 多个大股东与股价崩盘风险 [J]. 会计研究, 2018 (1): 68-74.

[40] 姜付秀, 黄磊, 张敏. 产品市场竞争、公司治理与代理成本 [J]. 世界经济, 2009, 32 (10): 46-59.

[41] 姜付秀, 王运通, 田园等. 多个大股东与企业融资约束: 基于文本分析的经验证据 [J]. 管理世界, 2017 (12): 61-74.

[42] 姜付秀. 公司治理: 基本原理及中国特色 [M]. 北京: 中国人民大学出版社, 2022.

[43] 姜富伟, 张杉, 丁慧, 等. 董事会性别多元化、绿色技术创新与企业绿色转型 [J]. 金融评论, 2024 (2): 75-96, 156-157.

[44] 解维敏, 吴浩, 冯彦杰. 数字金融是否缓解了民营企业融资约束? [J]. 系统工程理论与实践, 2021, 41 (12): 3129-3146.

[45] 金智, 宋顺林, 阳雪. 女性董事在公司投资中的角色 [J]. 会计研究, 2015 (5): 80-86, 95.

[46] 靳庆鲁, 孔祥, 侯青川. 货币政策、民营企业投资效率与公司期权价值 [J]. 经济研究, 2012, 47 (5): 96-106.

[47] 孔东民, 胡福丽. 高管特征与劳动投资效率 [J]. 财会月刊, 2019 (12): 29-35.

[48] 孔东民, 唐琦, 项君怡. 劳动保护与企业劳动投资效率 [J]. 华中科技大学学报 (社会科学版), 2020, 34 (5): 36-47.

[49] 孔东民，项君怡，代昀昊. 劳动投资效率、企业性质与资产收益率 [J]. 金融研究，2017（3）：145-158.

[50] 况学文，彭迪云，林妮. 女性董事改善了公司财务绩效吗？——基于我国上市公司的经验证据 [J]. 江西社会科学，2012，32（4）：218-223.

[51] 雷啸，唐雪松，蒋心怡. 会计信息可比性能否抑制高管在职消费？[J]. 中央财经大学学报，2021（7）：71-82.

[52] 雷啸，唐雪松. 会计信息可比性与公司违规行为 [J]. 财经论丛，2021（1）：64-74.

[53] 黎文靖，胡玉明. 国企内部薪酬差距激励了谁？[J]. 经济研究，2012，47（12）：125-136.

[54] 李春涛，闫续文，宋敏，等. 金融科技与企业创新：新三板上市公司的证据 [J]. 中国工业经济，2020（1）：81-98.

[55] 李井林，罗英祥. 女性董事对企业ESG表现的促进机制研究：基于中国上市公司的证据 [J]. 上海对外经贸大学学报，2024，31（5）：84-99.

[56] 李明辉，刘力涵. 审计师行业专长对上市公司融资规模的影响：基于中国A股上市公司的经验研究 [J]. 中国经济问题，2016（3）：95-108.

[57] 李青原，王露萌. 会计信息可比性与公司避税 [J]. 会计研究，2019（9）：35-42.

[58] 李世刚，尹恒. 政府-企业间人才配置与经济增长：基于中国地级市数据的经验研究 [J]. 经济研究，2017，52（4）：78-91.

[59] 李姝，杜亚光，张晓哲. 审计师行业专长与企业创新：基于管理层信息环境视角的分析 [J]. 审计研究，2021（1）：106-115.

[60] 李维安. 公司治理学 [M]. 北京：高等教育出版社，2005.

[61] 李伟，于洋. 中国上市公司终极所有权结构及演变 [J]. 统计研究，2012，29（10）：52-58.

[62] 李小荣, 韩琳, 马海涛. 内部控制与劳动力投资效率 [J]. 财贸经济, 2021, 42 (1): 26－43.

[63] 李小荣, 万钟, 陆瑶. 劳动力市场与公司金融关系研究进展 [J]. 经济学动态, 2019 (3): 120－133.

[64] 李增泉, 孙铮, 王志伟. "掏空"与所有权安排: 来自我国上市公司大股东资金占用的经验证据 [J]. 会计研究, 2004 (12): 3－13, 97.

[65] 梁强, 章佳媚, 詹玉欣, 等. 女性董事参与会促进企业社会责任表现吗？——性别平等观念与家族企业的情境作用 [J]. 研究与发展管理, 2022, 34 (1): 120－132.

[66] 梁上坤, 张宇, 王彦超. 内部薪酬差距与公司价值: 基于生命周期理论的新探索 [J]. 金融研究, 2019 (4): 188－206.

[67] 廖冠民, 沈红波. 国有企业的政策性负担: 动因、后果及治理 [J]. 中国工业经济, 2014 (6): 96－108.

[68] 刘进, 孙苏璐. 机构投资者持股会提高劳动投资效率吗？——基于中国A股上市公司的经验证据 [J]. 北京工商大学学报（社会科学版）, 2022, 37 (2): 47－58.

[69] 刘婧, 罗福凯, 王京. 环境不确定性与企业创新投入: 政府补助与产融结合的调节作用 [J]. 经济管理, 2019 (8): 21－39.

[70] 刘圻, 赵沪晓. 员工持股计划能够改善企业劳动投资效率吗？[J]. 中南财经政法大学学报, 2022 (4): 3－15.

[71] 刘睿智, 刘志恒, 胥朝阳. 主并企业会计信息可比性与股东长期财富效应 [J]. 会计研究, 2015 (11): 34－40, 96.

[72] 刘绍娓, 万大艳. 高管薪酬与公司绩效: 国有与非国有上市公司的实证比较研究 [J]. 中国软科学, 2013 (2): 90－101.

[73] 刘文军, 米莉, 傅倞轩. 审计师行业专长与审计质量: 来自财务舞弊公司的经验证据 [J]. 审计研究, 2010 (1): 47－54.

[74] 刘焱, 张胜强, 田甜. 生命周期视角下非效率投资的影响动因研究 [J]. 财经理论与实践, 2015, 36 (1): 52－58.

[75] 刘杨晖. 签字注册会计师行业专长与会计信息可比性 [J]. 财经理论与实践, 2018, 39 (3): 98-104.

[76] 栾甫贵, 赵康乐, 梁日新, 等. 多个大股东影响企业成本黏性吗? [J]. 经济与管理研究, 2022, 43 (12): 118-141.

[77] 罗宏, 黄婉. 多个大股东并存对高管机会主义减持的影响研究 [J]. 管理世界, 2020, 36 (8): 163-178.

[78] 吕怀立, 李婉丽. 多个大股东是否具有合谋动机?——基于家族企业非效率投资视角 [J]. 管理评论, 2015, 27 (11): 107-117, 191.

[79] 吕长江, 赵宇恒. 国有企业管理者激励效应研究: 基于管理者权力的解释 [J]. 管理世界, 2008 (11): 99-109, 188.

[80] 马新啸, 黄晓珊. 国有企业混合所有制改革与劳动投资效率双向优化 [J]. 财贸研究, 2023, 34 (11): 84-98.

[81] 梅丹, 高强. 独立性与行业专长对客户会计稳健性的影响 [J]. 审计研究, 2016 (6): 80-88.

[82] 梅丹. 内部控制质量与会计信息可比性关系的实证研究: 基于我国上市公司 2011-2014 年的证据 [J]. 经济与管理评论, 2017, 33 (5): 34-41.

[83] 钱颖一. 企业的治理结构改革和融资结构改革 [J]. 经济研究, 1995 (1): 20-29.

[84] 秦际栋, 方潇. 企业数字化对劳动投资效率的影响: 来自中国上市公司的经验证据 [J]. 改革, 2023 (12): 58-77.

[85] 秦璇, 陈煜, 方军雄. 女性高管与公司劳动投资效率 [J]. 金融学季刊, 2020, 14 (1): 25-44.

[86] 权小锋, 吴世农, 文芳. 管理层权力、私有收益与薪酬操纵 [J]. 经济研究, 2010, 45 (11): 73-87.

[87] 任宏达, 王琨. 产品市场竞争与信息披露质量: 基于上市公司年报文本分析的新证据 [J]. 会计研究, 2019 (3): 32-39.

[88] 阮坚, 申么, 范忠宝. 何以驱动企业债务融资降成本: 基于数字

金融的效用识别、异质性特征与机制检验［J］．金融经济学研究，2020，35（1）：32—44．

［89］申丹琳，江轩宇．社会信任与企业劳动投资效率［J］．金融研究，2022（9）：152—168．

［90］史永东，宋明勇，李凤羽，等．控股股东股权质押与企业债权人利益保护：来自中国债券市场的证据［J］．经济研究，2021，56（8）：109—126．

［91］宋常，杨华领，李沁洋．审计师行业专长与企业费用黏性［J］．审计研究，2016（6）：72—79．

［92］苏帆，许超．金融科技对企业投资效率的影响研究［J］．金融论坛，2022，27（11）：21—31．

［93］谭庆美，魏东一，董小芳．CEO权力、产品市场竞争与盈余质量［J］．中央财经大学学报，2015（5）：54—63．

［94］谭雪．行业竞争、产权性质与企业社会责任信息披露：基于信号传递理论的分析［J］．产业经济研究，2017（3）：15—28．

［95］谭云清，朱荣林，韩忠雪．产品市场竞争、经理报酬与公司绩效：来自中国上市公司的证据［J］．管理评论，2008（2）：58—62，64．

［96］唐松，伍旭川，祝佳．数字金融与企业技术创新：结构特征、机制识别与金融监管下的效应差异［J］．管理世界，2020，36（5）：52—66，9．

［97］唐雪松，蒋心怡，雷啸．会计信息可比性与高管薪酬契约有效性［J］．会计研究，2019（1）：37—44．

［98］滕飞，辛宇，顾小龙．产品市场竞争与上市公司违规［J］．会计研究，2016（9）：32—40．

［99］王丹，李丹，李欢．客户集中度与企业投资效率［J］．会计研究，2020（1）：110—125．

［100］王化成，曹丰，叶康涛．监督还是掏空：大股东持股比例与股价崩盘风险［J］．管理世界，2015（2）：45—57，187．

[101] 王金玲. 女性社会学 [M]. 北京：高等教育出版社, 2005.

[102] 王靖宇, 张宏亮. 产品市场竞争与企业投资效率：一项准自然实验 [J]. 财经研究, 2019, 45 (10): 125－137.

[103] 王克敏, 刘静, 李晓溪. 产业政策、政府支持与公司投资效率研究 [J]. 管理世界, 2017 (3): 113－124, 145, 188.

[104] 王浙勤, 王莲犀, 金炜圣. CEO过度自信、女性董事与公司违规 [J]. 统计与信息论坛, 2018, 33 (12): 111－118.

[105] 王喆, 陈胤默, 张明. 传统金融供给与数字金融发展：补充还是替代？——基于地区制度差异视角 [J]. 经济管理, 2021 (5): 5－23.

[106] 魏芳, 耿修林. 高管薪酬差距的阴暗面：基于企业违规行为的研究 [J]. 经济管理, 2018, 40 (3): 57－73.

[107] 魏明海, 黄琼宇, 程敏英. 家族企业关联大股东的治理角色：基于关联交易的视角 [J]. 管理世界, 2013 (3): 133－147, 171, 188.

[108] 吴敬琏. 现代公司与企业改革 [M]. 天津：天津人民出版社, 1994.

[109] 伍伦. 会计师事务所行业专门化对企业创新的影响研究 [J]. 经济与管理评论, 2024, 40 (3): 122－134.

[110] 夏宁, 董艳. 高管薪酬、员工薪酬与公司的成长性：基于中国中小上市公司的经验数据 [J]. 会计研究, 2014 (9): 89－95, 97.

[111] 谢德仁, 姜博, 刘永涛. 经理人薪酬辩护与开发支出会计政策隐性选择 [J]. 财经研究, 2014, 40 (1): 125－134.

[112] 谢谦. 数字金融如何影响企业双向投资 [J]. 财贸经济, 2024, 45 (5): 86－102.

[113] 谢盛纹, 王清. 会计师事务所行业专长与会计信息可比性：来自我国证券市场的证据 [J]. 当代财经, 2016 (5): 108－119.

[114] 辛清泉, 林斌, 王彦超. 政府控制、经理薪酬与资本投资 [J]. 经济研究, 2007 (8): 110－122.

[115] 熊家财, 刘充, 欧阳才越. 数字金融如何服务实体经济：来自企

业主业发展的证据［J］．会计研究，2024（4）：178－189．

［116］胥朝阳，刘睿智．提高会计信息可比性能抑制盈余管理吗？［J］．会计研究，2014（7）：50－57．

［117］阳镇，陈劲．企业数字化转型的驱动机制：女性高管的视角［J］．经济与管理研究，2024，45（3）：109－124．

［118］杨德明，林斌，王彦超．内部控制、审计质量与代理成本［J］．财经研究，2009，35（12）：40－49，60．

［119］杨棉之，赵鑫，张伟华．机构投资者异质性、卖空机制与股价崩盘风险：来自中国上市公司的经验证据［J］．会计研究，2020（7）：167－180．

［120］杨兴全，曾春华．市场化进程、多元化经营与公司现金持有［J］．管理科学，2012，25（6）：43－54．

［121］杨志强，王华．公司内部薪酬差距、股权集中度与盈余管理行为：基于高管团队内和高管与员工之间薪酬的比较分析［J］．会计研究，2014（6）：57－65，97．

［122］姚宏，贾娓，郝小玉，等．产品市场竞争、董事会结构变化与盈余管理［J］．管理评论，2018，30（4）：194－205．

［123］姚佳，陈国进．公司治理、产品市场竞争和企业绩效的交互关系：基于中国制造业上市公司的实证研究［J］．当代财经，2009（8）：56－61．

［124］姚立杰，周颖．管理层能力、创新水平与创新效率［J］．会计研究，2018（6）：70－77．

［125］俞红海，徐龙炳，陈百助．终极控股股东控制权与自由现金流过度投资［J］．经济研究，2010，45（8）：103－114．

［126］喻彪，李沁洋，杨刚．资本市场开放与企业劳动投资效率：基于沪深港通的经验证据［J］．山西财经大学学报，2022，44（10）：58－72．

［127］喻彪，杨刚，李沁洋．数字化转型与企业劳动投资效率［J］．经济经纬，2023，40（4）：93－103．

[128] 喻彪, 杨刚. 会计信息可比性与企业劳动投资效率 [J]. 投资研究, 2022, 41 (6): 31-58.

[129] 喻彪, 杨刚. 内部控制重大缺陷与企业劳动投资效率 [J]. 财会月刊, 2022 (13): 32-40.

[130] 袁淳, 李超颖, 梁上坤. 数字金融发展与企业费用黏性 [J/OL]. 南开管理评论, 1-36 [2024-07-14]. http://kns.cnki.net/kcms/detail/12.1288.f.20230518.1451.002.html.

[131] 袁天荣, 王霞. 财务报告信息可比性与上市公司并购绩效 [J]. 中南财经政法大学学报, 2021 (4): 26-36, 158-159.

[132] 袁卫秋, 李萍. 审计师行业专长可以提高现金持有价值吗?——来自于沪深上市公司的经验证据 [J]. 现代财经(天津财经大学学报), 2018 (1): 70-79.

[133] 袁振超, 饶品贵. 会计信息可比性与投资效率 [J]. 会计研究, 2018 (6): 39-46.

[134] 袁知柱, 侯利娟. 会计信息可比性与企业劳动力投资效率 [J]. 财贸研究, 2022, 33 (12): 74-92, 106.

[135] 袁知柱, 姜沈红, 周维瑞. 内部控制质量、管理层权力与劳动力投资效率 [J]. 会计与控制评论, 2022 (1): 60-94.

[136] 袁知柱, 吴粒. 会计信息可比性研究评述及未来展望 [J]. 会计研究, 2012 (9): 9-15, 96.

[137] 袁知柱, 袁紫夕, 冯化文. 管理层薪酬激励与企业劳动力投资效率 [J]. 会计之友, 2023 (10): 109-116.

[138] 袁知柱, 张小曼, 于雪航. 产品市场竞争与会计信息可比性 [J]. 管理评论, 2017, 29 (10): 234-247.

[139] 袁知柱, 张小曼. 会计信息可比性与企业投资效率 [J]. 管理评论, 2020, 32 (4): 206-218.

[140] 张功富, 詹俊. 人口老龄化与企业劳动投资效率: 促进还是抑制? [J]. 郑州航空工业管理学院学报, 2023, 41 (4): 17-27.

[141] 张功富. 产品市场竞争、大股东持股与企业过度投资：来自沪深工业类上市公司的经验证据 [J]. 华东经济管理, 2009, 23 (7): 68－75.

[142] 张列柯, 张倩, 刘斌. 会计信息可比性影响高管薪酬契约的有效性吗？[J]. 中国软科学, 2019 (2): 110－127, 142.

[143] 张鸣, 田野, 陈全. 制度环境、审计供求与审计治理：基于我国证券市场中审计师变更问题的实证分析 [J]. 会计研究, 2012 (5): 77－85, 94.

[144] 张娜. 女性董事对企业绩效影响的实证研究：来自中国973家上市公司的证据 [J]. 妇女研究论丛, 2013 (4): 38－48.

[145] 张蕊, 管考磊. 高管薪酬差距会诱发侵占型职务犯罪吗？——来自中国上市公司的经验证据 [J]. 会计研究, 2016 (9): 47－54.

[146] 张婷, 张敦力. 审计师行业专长与或有事项信息披露：基于客户重要性的调节效应研究 [J]. 审计与经济研究, 2019 (1): 33－43.

[147] 张维迎. 所有制、治理结构及委托—代理关系：兼评崔之元和周其仁的一些观点 [J]. 经济研究, 1996 (9): 3－15, 53.

[148] 张先治, 刘坤鹏, 李庆华. 战略偏离度、内部控制质量与财务报告可比性 [J]. 审计与经济研究, 2018, 33 (6): 35－47.

[149] 张晓燕, 姬家豪. 金融科技与金融监管的动态匹配对金融效率的影响 [J]. 南开管理评论, 2023, 26 (1): 43－56.

[150] 张璇, 可善雪. 隐形的力量：儒家文化与企业劳动投资效率 [J]. 会计之友, 2023 (15): 11－18.

[151] 张焰朝, 孙光国, 卜君. 公司战略会影响劳动投资效率吗？[J]. 投资研究, 2020, 39 (10): 95－127.

[152] 张怡阁, 卜君. 高管内部薪酬差距与企业金融化 [J]. 南方金融, 2023 (10): 18－34.

[153] 张英宣, 陆明富. 产品市场竞争、财务困境与研发操纵 [J]. 统计与决策, 2024, 40 (10): 179－183.

[154] 张正堂, 李欣. 高层管理团队核心成员薪酬差距与企业绩效的关

系［J］．经济管理，2007（2）：16－25．

［155］赵国宇．CEO会利用多个大股东"制衡"从中获利吗？——来自CEO超额薪酬的经验证据［J］．外国经济与管理，2019，41（8）：126－139．

［156］赵瑞瑞，张玉明，刘嘉惠．金融科技与企业投资行为研究：基于融资约束的影响机制［J］．管理评论，2021，33（11）：312－323．

［157］赵彦锋，来培德，王孟孟．产品市场竞争能抑制超额商誉吗？［J］．审计与经济研究，2023，38（2）：78－86．

［158］赵彦锋．社会信任如何影响企业劳动投资效率？［J］．经济经纬，2023，40（4）：115－125．

［159］赵艳秉，张龙平．审计质量度量方法的比较与选择：基于我国A股市场的实证检验［J］．经济管理，2017，39（5）：146－157．

［160］赵艺，倪古强．审计师行业专长，产权性质与投资效率［J］．审计研究，2020（1）：87－95．

［161］钟娟，陈昕，苏会，等．数字化转型对劳动投资效率的影响及其作用机制［J］．广东财经大学学报，2023，38（5）：22－36．

［162］周冬华，万贻健．数字化转型会提升企业劳动投资效率吗［J］．山西财经大学学报，2023，45（2）：87－101．

［163］周冬华，徐移兰．投服中心行权会影响企业劳动投资效率吗？——来自中国上市公司的经验证据［J］．北京工商大学学报（社会科学版），2024，39（4）：88－99．

［164］周夏飞，周强龙．产品市场势力、行业竞争与公司盈余管理：基于中国上市公司的经验证据［J］．会计研究，2014（8）：60－66，97．

［165］周煊，孟庆丽，刘晓辉．女性董事对企业社会责任履行的影响：以慈善捐赠为例［J］．北京工商大学学报（社会科学版），2016，31（4）：72－80．

［166］周泽将，修宗峰．女性董事对企业经营绩效影响的实证研究：基于2000－2009年中国证券市场A股上市公司样本［J］．财经理论与实践，

2014，35（2）：91－97.

[167] 祝继高，叶康涛，严冬. 女性董事的风险规避与企业投资行为研究：基于金融危机的视角 [J]. 财贸经济，2012（4）：50－58.

[168] Abadie A, Drukker D, Herr J L. Implementing matching estimators for average treatment effects in stata [J]. The Stata Journal, 2004（3）：290－311.

[169] Adams R, Ferreira D. Women in the boardroom and their impact on governance and performance [J]. Journal of Financial Economics, 2009, 94（2）：291－309.

[170] Adwan S, Goncharenko G, Liu S. The impact of employee satisfaction on company's labour investment efficiency [J]. International Review of Financial Analysis, 2024, 96（PA）：103570.

[171] Adwan S. Does employee ownership improve labour investment efficiency? Evidence from European firms [J]. Economics Letters, 2024, 238：111717.

[172] Aflatooni A, Khazaei M. Investigating the effect of accruals quality and disclosure quality on labor investment inefficiency [J]. Accounting and Auditing Review, 2016, 23（3）：269－288.

[173] Aghion P, Dewatripont M, Rey P. Competition, financial discipline and growth [J]. The Review of Economic Studies, 1999, 66（4）：825－852.

[174] Atanassov J, Kim E H. Labor and corporate governance: international evidence from restructuring decisions [J]. The Journal of Finance, 2009, 64（1）：341－374.

[175] Bae G S, Choi S U, Dhaliwal D S, et al. Auditors and client investment efficiency [J]. The Accounting Review, 2017, 92（2）：19－40.

[176] Bai M, Fu Y, Sun M. Corporate diversification and labor investment efficiency: Evidence from China [J]. Economic Modelling, 2023, 127：

106482.

[177] Balsam S, Krishnan J, Yang J S. Auditor industry specialization and earnings quality [J]. Auditing: A Journal of Practice and Theory, 2003, 22 (2): 71—97.

[178] Becker G S. Investment in human capital: A theoretical analysis [J]. Journal of Political Economy, 1962, 70 (5): 9—49.

[179] Benmelech E, Bergman N, Seru A. Financing labor [J]. Review of Finance, 2021 (5): 1365—1393.

[180] Ben-Nasr H, Alshwer A. Does stock price informativeness affect labor investment efficiency? [J]. Journal of Corporate Finance, 2016, 38: 249—271.

[181] Berle A, Means G. The Modern Corporation and Private Property [M]. New York: Macmillan, 1932.

[182] Bernile G, Bhagwat V, Yonker S. Board diversity, firm risk, and corporate policies [J]. Journal of Financial Economics, 2018, 127 (3): 588—612.

[183] Bertrand M, Mullainathan S. Enjoying the quiet life? corporate governance and managerial preferences [J]. Journal of Political Economy, 2003, 111 (5): 1043—1075.

[184] Biddle G C, Hilary G, Verdi R S. How does financial reporting quality relate to investment efficiency? [J]. Journal of Accounting and Economics, 2009, 48 (2—3): 112—131.

[185] Caggese A, Cuñat V, Metzger D. Firing the wrong workers: Financing Constraints and labor misallocation [J]. Journal of Financial Economic, 2019, 133 (3): 589—607.

[186] Caggese A, Cunat V. Financing constraints and fixed-term employment contracts [J]. Economic Journal, 2008, 118 (533): 2013—2046.

[187] Campbell K, Minguez-Vera A. Gender diversity in the boardroom and

firm financial performance [J]. Journal of Business Ethics, 2008, 83 (3): 435-451.

[188] Campello M, Graham J R, Harvey C R. The real effects of financial constraints: Evidence from a financial crisis [J]. Journal of Financial Economic, 2010, 97 (3): 470-487.

[189] Cao J, Li W, Hasan I. The impact of lowering carbon emissions on corporate labour investment: A quasi-natural experiment [J]. Energy Economics, 2023, 121: 106653.

[190] Cao Z, Chen S X, Jiang M, et al. Internal control weakness and corporate employment decisions: evidence from SOX Section 404 disclosures [J]. Accounting Forum, 2024, 48 (2): 225-250.

[191] Cao Z, Rees W, Zhang Z. The effect of real earnings smoothing on corporate labor investment [J]. The British Accounting Review, 2023, 55 (6): 101178.

[192] Cao Z, Rees W. Do employee friendly firms invest more efficiently? Evidence from labor investment efficiency [J]. Journal of Corporate Finance, 2020, 65: 101744.

[193] Chen C W, Collins D W, Kravet T D, et al. Financial statement comparability and the efficiency of acquisition decisions [J]. Contemporary Accounting Research, 2018, 35 (1): 164-202.

[194] Chen C, Jiang D, Lan M, et al. Does environmental regulation affect labor investment Efficiency? Evidence from a quasi-natural experiment in China [J]. International Review of Economics and Finance, 2022, 80: 82-95.

[195] Chen F, Huyghebaert N, Lin S, et al. Do multiple large shareholders reduce agency problems in state-controlled listed firms? evidence from China [J]. Pacific-Basin Finance Journal, 2019, 57: 101203.

[196] Chen J, Ezzamel M, Cai Z. Managerial power theory, tournament theory, and executive pay in China [J]. Journal of Corporate Finance, 2011, 17

(4): 1176−1199.

[197] Chen W, Chen Z, Qin L, et al. Strategic alliance, agency problems, and labor investment efficiency [J]. Economic Modelling, 2024, 139: 106809.

[198] Chircop J, Collins D W, Hass L H, et al. Accounting comparability and corporate innovation efficiency [J]. The Accounting Review, 2020, 95 (4): 127−151.

[199] Chowdhury H, Estreich T, Hossain A, et al. U. S. political corruption and labor investment (in)efficiency [J]. Global Finance Journal, 2024, 60: 100962.

[200] Chowdhury H, Hossain A, Tan K, et al. Do external labor market incentives improve labor investment efficiency? [J]. Journal of Behavioral and Experimental Finance, 2022, 34: 100648.

[201] Chu J, Fang J. Economic policy uncertainty and firms' labor investment decision [J]. China Finance Review International, 2021, 11 (1): 73−91.

[202] Claessens S, Djankov S, Lang L H P. The separation of ownership and control in east Asian corporations [J]. Journal of Financial Economics, 2000, 58 (1−2): 81−112.

[203] Cohran P L, Watrick S L. Corporate governance: A review of the literature [M]. Morristown: Financial Executives Research Foundation, 1988, 1−74.

[204] De Franco G, Kothari S P, Verdi R S. The benefits of financial statement Comparability [J]. Journal of Accounting Research, 2011, 49 (4): 895−931.

[205] Deangelo L E. Auditor size and audit quality [J]. Journal of Accounting & Economics, 1981, 3 (3): 183−199.

[206] DeFond M, Zhang J. A review of archival auditing research [J]. Journal of Accounting and Economics, 2014, 58 (2−3): 275−326.

[207] Demerjian P, Lev B, McVay S. Quantifying managerial ability: A new measure and validation tests [J]. Management Science, 2012, 58 (7): 1229-1248.

[208] Di R, Li C. The cost of hypocrisy: Does corporate ESG decoupling reduce labor investment efficiency? [J]. Economics Letters, 2023, 232: 111355.

[209] Dickinson V. Cash flow patterns as a proxy for firm life cycle [J]. The Accounting Review, 2011, 86 (6): 1969-1994.

[210] Ding H, Liu C, Ni X. Creditor protection and labor investment efficiency: Evidence from China [J]. Finance Research Letters, 2023, 58 (PD): 104680.

[211] Ding H, Ni X, Xu H. Short selling and labor investment efficiency: Evidence from the Chinese stock market [J]. Accounting & Finance, 2020, 61 (S1): 2451-2476.

[212] Dlugosz J, Fahlenbrach R, Gompers P, et al. Large blocks of stock: Prevalence, size, and measurement [J]. Journal of Corporate Finance, 2006, 12 (3): 594-618.

[213] Do T K, Le A-T. Foreign institutional ownership and corporate labor investment [J]. International Review of Finance, 2025, 25 (1): e12453.

[214] Do T K, Le A-T. Shareholder litigation rights and labor investment efficiency [J]. Finance Research Letters, 2022, 46 (PA): 102296.

[215] Dunn K A, Mayhew B W. Audit firm industry specialization and client disclosure quality [J]. Review of Accounting Studies, 2004 (9): 35-58.

[216] Faccio M, Lang L H P. The ultimate ownership of western European corporations [J]. Journal of Financial Economics, 2002, 65 (3): 365-395.

[217] Faccio M, Larry H P L, Young L. Dividends and expropriation [J]. American Economic Review, 2001, 91 (1): 54-78.

[218] Fama E F. Agency problems and the theory of the firm [J]. Journal

of Political Economy, 1980, 88 (2): 288—307.

[219] Fan R, Pan J, Yu M, et al. Corporate governance of controlling shareholders and labor employment decisions: Evidence from a parent board reform in China [J]. Economic Modelling, 2022, 108: 105753.

[220] Fan R, Weng R, Pan J. How property rights affect firm's labor investment efficiency? Evidence from a property law enactment in China [J]. Emerging Markets Finance and Trade, 2022, 58 (2): 381—397.

[221] Fang Y, Hu M, Yang Q. Do executives benefit from shareholder disputes? evidence from multiple large shareholders in Chinese listed firms [J]. Journal of Corporate Finance, 2018, 51: 275—315.

[222] Francis J R, Pinnuck M L, Watanabe O. Auditor style and financial statement comparability [J]. The Accounting Review, 2014, 89 (2): 605—633.

[223] Fu K, Lee C H. The effect of managerial ability and quality of reporting profit on labor investment efficiency [J]. Tax Accounting Research, 2018, 55: 53—76.

[224] Gao Y, Xu J. Bank competition and firm labor investment efficiency: Evidence from China [J]. Emerging Markets Finance and Trade, 2023, 59 (7): 2283—2297.

[225] Ghaly M, Dang V A, Stathopoulo K. Institutional investors' horizons and corporate employment decisions [J]. Journal of Corporate Finance, 2020, 64: 101634.

[226] Ghosh D, Olsen L. Environmental uncertainty and managers' use of discretionary accruals [J]. Accounting, Organizations and Society, 2009, 34 (2): 188—205.

[227] Ginglinger E, Raskopf C. Women directors and E&S performance: Evidence from board gender quotas [J]. Journal of Corporate Finance, 2023, 83: 102496.

[228] Greenwald B, Stiglitz J E. Externalities in economics with imperfect information and incomplete markets [J]. The Quarterly Journal of Economics, 1986, 101 (2): 229−264.

[229] Gu L, Ni X, Tian G. Controlling shareholder expropriation and labor investment efficiency [J]. International Review of Economics and Finance, 2022, 82: 261−274.

[230] Guan Y, Wang X, He Y. Structural tax reduction and corporate labor investment efficiency [J]. Finance Research Letters, 2024, 62 (PA): 105040.

[231] Gul F A, Cheng L T W, Leung T Y. Perks and the informativeness of stock prices in the Chinese market [J]. Journal of Corporate Finance, 2011, 17 (5): 1410−1429.

[232] Guo J, Tang Q, Jin G. Labor protection and the efficiency of human capital investment [J]. Economic Analysis and Policy, 2021, 69: 195−207.

[233] Ha J, Feng M. Conditional conservatism and labor investment efficiency [J]. Journal of Contemporary Accounting & Economics, 2018, 14 (2): 143−163.

[234] Habib A, Hasan M M. Business strategy and labor investment efficiency: Strategy and labor investment [J]. International Review of Finance, 2019, 21 (1): 58−96.

[235] Habib A, Ranasinghe D. Labor investment efficiency and credit ratings [J]. Finance Research Letters, 2022, 48: 102924.

[236] Hadlock C J, Pierce J R. New evidence on measuring financial constraints: Moving beyond the KZ index [J]. Review of Financial Studies, 2010, 23 (5): 1909−1940.

[237] Hart O D. The market mechanism as an incentive scheme [J]. The Bell Journal of Economics, 1983, 14 (2): 366−382.

[238] Hu J, Li X. Perks and labor investment efficiency: Evidence from Chi-

na [J]. International Review of Economics & Finance, 2024, 95: 103478.

[239] Hutton A P, Marcus A J, Tehranian H. Opaque financial reports R^2 and crash risk [J]. Journal of Financial Economics, 2009, 94 (1): 67−86.

[240] Jensen M, Meckling W. Theory of the firm: Managerial behavior, agency cost and ownership structure [J]. Journal of Financial Economics, 1976, 3 (4): 305−360.

[241] Jensen M. Agency costs of free cash flow, corporate finance, and takeovers [J]. American Economic Review, 1986, 76 (2): 323−329.

[242] Jiang D, Lan M, Li W, et al. Threat or opportunity? Unveiling the impact of population aging on corporate labor investment efficiency [J]. Pacific-Basin Finance Journal, 2024, 85: 102322.

[243] Jiang Y, Guo C, Wu Y. Environmental information disclosure and labor investment efficiency [J]. Applied Economics Letters, 2022, 29 (3): 238−244.

[244] Johson S, La Porta R, Lopez-de-Silanes F, et al. Tunneling [J]. American Economic Review, 2000, 90 (2): 22−27.

[245] Jung B, Lee D, Rhee G S, et al. Business group affiliation, internal labor markets, external capital markets, and labor investment efficiency [J]. Asia-Pacific Journal of Financial Studies, 2019, 48 (1): 65−97.

[246] Jung B, Lee W J, Weber D P. Financial reporting quality and labor investment efficiency [J]. Contemporary Accounting Research, 2014, 31 (4): 1047−1076.

[247] Jung W L, Yu K. Personnel is policy: Labor investment efficiency and firm value [J]. Korean Accounting Review, 2017, 42 (2), 125−168.

[248] Kahn C, Winton A. Ownership structure, speculation and shareholder intervention [J]. The Journal of Finance, 1998, 53 (1): 99−129.

[249] Kaplan E S, Lee Y E. Does tax reform affect labor investment efficiency? [J]. Journal of Corporate Finance, 2024, 89: 102673.

[250] Karavitis P, Kokas S, Tsoukas S, Gender Board Diversity and the Cost of Bank Loans [J]. Journal of Corporate Finance, 2021, 71: 101804.

[251] Keasey K, Thompson S, Wright M. Corporate Government Economic, Management and Financial Issues [M]. London: Oxford University Press, 1997, 2.

[252] Khedmati M, Sualihu M A, Yawsom A. CEO-director ties and labor investment efficiency [J]. Journal of Corporate Finance, 2020, 65: 101492.

[253] Khedmati M, Sualihu M A, Yawson A. Does religiosity matter for corporate labor investment decisions? [J]. Journal of Contemporary Accounting & Economics, 2021, 17 (2): 100264.

[254] Kong D, Liu S, Xiang J. Political promotion and labor investment efficiency [J]. China Economic Review, 2018, 50: 273−293.

[255] Krishnan G V. Does big 6 auditor industry expertise constrain earnings management? [J]. Accounting Horizons, 2003, 17 (s1): 1−16.

[256] La Porta R, Lopez-de-Silanes F, Shleifer A. Corporate ownership around the world [J]. The Journal of Finance, 1999, 54 (2): 471−517.

[257] Laeven L, Levine R. Complex ownership structures and corporate valuations [J]. The Review of Financial Studies, 2008, 21 (2): 579−604.

[258] Lai S, Chen L, Wang Q S, et al. Bank competition and corporate employment: Evidence from the geographic distribution of bank branches in China [J]. Journal of Banking & Finance, 2023, 154: 106964.

[259] Lai S, Li X, Chan K C. CEO overconfidence and labor investment efficiency [J]. The North American Journal of Economics and Finance, 2021, 55: 101319.

[260] Lai S, Li X, Liu S, et al. Institutional investors' site visits and corporate employment decision-making [J]. Journal of Contemporary Accounting & Economics, 2022, 18 (3): 100332.

[261] Lazear E P, Rosen S. Rank order tournaments as optimum labor con-

tracts [J]. Journal of Political Economy, 1981, 89 (5): 841−864.

[262] Le A T, Huang H, Do T K. The bright side of staggered boards: Evidence from labor investment efficiency [J]. Journal of Contemporary Accounting & Economics, 2024, 20 (3): 100439.

[263] Le A T, Tran T P. Corporate governance and labor investment efficiency: International evidence from board reforms [J]. Corporate Governance: An International Review, 2022, 30 (5): 555−583.

[264] Le A-T, Ouyang P. The dark side of asset redeployability through the lens of corporate employment decisions [J]. Journal of Corporate Finance, 2023, 82: 102462.

[265] Lee Y K, Mo K. Do analysts improve labor investment efficiency? [J]. Journal of Contemporary Accounting & Economics, 2020, 16 (3): 100213.

[266] Li C, Wang Y, Zhou Z, et al. Digital Finance and Enterprise Financing Constraints: Structural Characteristics and Mechanism Identification [J]. Journal of Business Research, 2023, 165: 114074.

[267] Li W, Rong M, Wu J. Does executives' overseas experience improve firms' labor investment efficiency? [J]. China Journal of Accounting Research, 2023, 16 (4): 100332.

[268] Li W, Tang Z, Chen C. Do corporate site visits by analysts and institutional investors increase labor investment efficiency? [J]. Asian Review of Accounting, 2024, 32 (5): 811−840.

[269] Li W, Wu C. Government intervention and labor investment efficiency: Evidence from China's industrial policy [J]. Emerging Markets Finance and Trade, 2023, 59 (5): 1487−1497.

[270] Li Y, Cheong C S, Canil J. CEO-employee pay ratio and labor investment efficiency [J]. Finance Research Letters, 2024, 67 (PA): 105761.

[271] Liu J, Li T, Wang L. Media coverage and labor investment efficiency:

Evidence from China [J]. Asia-Pacific Journal of Financial Studies, 2023, 52 (1): 116−152.

[272] Liu S, Wu Y, Yin X, et al. Digital transformation and labour investment efficiency: Heterogeneity across the enterprise life cycle [J]. Finance Research Letters, 2023, 58 (PC): 104537.

[273] Liu T, Zhang L, Zhan J, et al. Customer concentration and labor investment efficiency: evidence from China [J]. The Journal of Developing Areas, 2024, 58 (2): 215−236.

[274] Liu Y, Wang J, Xu C. Green credit policy and labor investment efficiency: evidence from China [J]. Environmental Science and Pollution Research, 2023, 30 (51): 110461−110480.

[275] Lopatta K, Böttcher K, Lodhia K S, et al. Parity codetermination at the board level and labor investment efficiency: evidence on German listed firms [J]. Journal of Business Economics, 2020, 90 (3): 57−108.

[276] Luo J, Li X, Chan K C. Political uncertainty and labour investment efficiency [J]. Applied Economics, 2020, 52 (43): 4677−4697.

[277] Luo X, Zhang F. Internal information environment and labor investment efficiency [J]. Accounting and Finance Research, 2020, 9 (4): 70−84.

[278] Lv L J, Chen Y. Impact of the Free Trade Zone policy on firm labour investment efficiency: Evidence from China [J]. Applied Economics Letters, 2024, DOI: 10.1080/13504851.2024.2363281.

[279] Ma J, Xue M, Ou L. Carbon emission trading scheme and corporate labor cost: Evidence from China [J]. Heliyon, 2024, 10 (14): e34465.

[280] Mbanyele W, Huang H, Muchenje L T, et al. How does climate regulatory risk influence labor employment decisions? Evidence from a quasi-natural experiment [J]. China Economic Review, 2024, 87: 102236.

[281] Mo K, Kim J Y, Park J K. Chief executive officer inside debt holdings

and labor investment efficiency [J]. Asia-Pacific Journal of Financial Studies, 2019, 48 (4): 476—502.

[282] Mo K, Lee K Y. The effects of chief executive officer gender on firm labor investment efficiency [J]. Borsa Istanbul Review, 2022, 22 (6): 1260—1270.

[283] Mo K, Lee Y K. Analyst following, group affiliation and labor Investment Efficiency: Evidence from Korea [J]. Sustainability, 2019, 11 (11): 3152.

[284] Nickell S J, Nicolitsas D. How does financial pressure affect firms? [J]. European Economic Review, 1999, 43 (8): 1435—1456.

[285] Oi W, Labor as a quasi-fixed factor [J]. Journal of Political Economy, 1962, 70 (6): 538—555.

[286] Ouyang C, Xiong J, Huang K. Do multiple large shareholders affect tax avoidance? evidence from China [J]. International Review of Economics and Finance, 2020, 67: 207—224.

[287] Pagano M, Volpin P F. Managers, workers, and corporate control [J]. The Journal of Finance, 2005, 60 (2): 841—868.

[288] Palmeira R, Pindado J, Requejo I. How does employment protection legislation affect labor investment inefficiencies? [J]. Research in International Business and Finance, 2023, 66: 102029.

[289] Paulo Pereira da S. The impact of non-financial disclosure on labor investment: International evidence [J]. Borsa Istanbul Review, 2024, 24 (1): 218—234.

[290] Pinnuck M, Lillis A. Profits versus losses: Does reporting an accounting loss act as a heuristic trigger to exercise the abandonment option and divest employees? [J]. The Accounting Review, 2007, 82 (4): 1031—1053.

[291] Richardson S. Over-investment of free cash flow [J]. Review of Accounting Studies, 2006, 11 (2—3): 159—189.

[292] Rosen S. Prizes and incentives in elimination tournaments [J]. American Economic Review, 1986, 76 (4): 701−715.

[293] Shleifer A, Vishny R W. A survey of corporate governance [J]. The Journal of Finance, 1997, 52 (7): 737−783.

[294] Solomon I, Shields M D, Whittington O R. What do industry-specialist auditors know? [J]. Journal of Accounting Research, 1999, 37 (1): 191−208.

[295] Spence M. Job market signaling [J]. The Quarterly Journal of Economics, 1974, 87 (3): 355−374.

[296] Sualihu M A, Rankin M, Haman J. The role of equity compensation in reducing inefficient investment in labor [J]. Journal of Corporate Finance, 2021, 66: 101788.

[297] Sualihu M A, Yawson A, Yusoff I. Do analysts' forecast properties deter suboptimal labor investment decisions? evidence from regulation fair disclosure [J]. Journal of Corporate Finance, 2021, 69: 101995.

[298] Sun X, Zhang T. Board gender diversity and corporate labor investment efficiency [J]. Review of Financial Economics, 2021, 39 (3): 290−313.

[299] Taylor G, Al-Hadi A, Richardson G. Is there a relation between labor investment inefficiency and corporate tax avoidance? [J]. Economic Modelling, 2019, 82: 185−201.

[300] Tian S, Bai W, Shi W. Capital market opening and labour investment efficiency [J]. Economic research-Ekonomska istraživanja, 2023, 36 (2): 2135555.

[301] Tong Y, Tian Y, Cao Z. No place like home: Do local CEOs invest in labor more efficiently? [J]. Corporate Governance: An International Review, 2023, 32 (3): 522−548.

[302] Wang S, Wen W, Niu Y, et al. Digital transformation and corporate

labor investment efficiency [J]. Emerging Markets Review, 2024, 59: 101109.

[303] Williamson O. Managerial discretion and business behavior [J]. American Economic Review, 1963, 53 (5): 1032—1057.

[304] Yan Y, Wang M, Lai J. Does corporate digitalization promote labor investment efficiency? Evidence from Chinese listed companies [J]. Humanities and Social Sciences Communications, 2024, 11 (1): 1265.

[305] Yuan Z, Hou L, Zhou Z, et al. The impact of accounting information quality on corporate labor investment efficiency: Evidence from China [J]. Journal of Systems Science and Systems Engineering, 2022, 31 (5): 594—618.

[306] Yuan Z, Yang Y, Liu B. Labour marketisation level and corporate labour investment efficiency: Evidence from China [J]. Accounting & Finance, 2023, 63 (4): 4729—4760.

[307] Zhang Z, Ntim C G, Zhang Q, et al. Does accounting comparability affect corporate employment decision-making [J]. The British Accounting Review, 2020, 52 (6): 100937.

[308] Zhao L, Zhang K. Labor protection and corporate labor investment efficiency-Evidence based on the implementation of the "Labor Contract Law" [J]. Finance Research Letters, 2024, 69 (PA): 106064.